PRINCIPAL wisdom

首都校长教育智慧库

李文凤 著

欣赏教育

欣赏教育

北京日报报业集团
同心出版社

图书在版编目（C I P）数据

欣赏教育 / 李文凤著. -- 北京 ：同心出版社,
2013.3
（首都校长教育智慧库）
ISBN 978-7-5477-0846-0

Ⅰ. ①欣… Ⅱ. ①李… Ⅲ. ①小学教育一研究 Ⅳ.
①G62

中国版本图书馆 CIP 数据核字(2013)第 033812 号

欣赏教育

出版发行：同心出版社
地　　址：北京市东城区东单三条 8-16 号 东方广场东配楼四层
邮　　编：100005
电　　话：发行部：（010）65255876
　　　　　总编室：（010）65252135-8043
网　　址：www.beijingtongxin.com
印　　刷：廊坊金盛源印务有限公司
经　　销：各地新华书店
版　　次：2013 年 3 月第 1 版
　　　　　2013 年 3 月第 1 次印刷
开　　本：787 毫米× 1092 毫米　1/16
印　　张：11.75
字　　数：190 千字
定　　价：28.00 元

《首都校长教育智慧库》编委会

《首都校长教育智慧库》发起校长（按姓氏笔画排列）

王　时　北京市第二十七中学校长
王　阔　北京市顺义区马坡第二小学校长
齐振军　北京市朝阳师范学校附属小学校长
刘卫红　北京小学通州分校校长
刘向东　北京市顺义区木林中心小学校长
刘显洋　北京小学丰台万年花城分校校长
兰永平　北京市昌平区第四中学校长
闫　伟　北京市海淀区永泰小学校长
纪世铭　北京钢铁学院附属中学校长
沙晓燕　北京市房山区良乡中心小学校长
李文凤　北京市史家小学通州分校校长
张兆宏　北京市通州区运河小学校长
张桂明　北京市大兴区团河小学校长
张富国　北京市第二实验小学大兴实验学校校长
吴晓波　北京市延庆县第一小学校长
杨　东　北京市通州区梨园镇中心小学校长
郝素梅　北京市大兴区黄村镇第一中心小学校长
段兰华　北京市丰台区实验小学校长
尉小珑　北京市西城外国语学校校长
高　淳　北京市东城区校尉小学校长
彭　蘋　北京市东城区和平里第一小学校长
廖文胜　北京市光明小学校长

《首都校长教育智慧库》支持发起媒体

《北京日报》专刊部
《当代家庭教育报》
同心出版社

总 序

智慧塑造教育品质 责任彰显生命精彩

校长的教育智慧是校长学习、思考、反思、感悟的内化凝炼。它直接影响着一个学校教育品质的形成，同时也是校长开展好教育及学校各项教育教学工作的内在力量源泉。一直关注、关心首都教育并一直支持着《首都校长教育智慧库》组编工作的陶西平老师曾说，校长要静心思考教育。一方面，校长间要交流，通过交流，产生碰撞，促进思考；另一方面要加强反思，通过反思，系统梳理，提升思考。

近几年，在首都校长间流行着一种"微沙龙"。不同区县的校长，少则三、五人，多则八、九个，不定期相聚在一起，交流观点，互陈心得，倾心探讨，颇有收益。这其中，有教育智慧的碰撞，也有对学校管理工作的精辟见解，更有对解决教育中现实问题的真知灼见。言谈间展现了作为一名校长的责任感，展示了对促进教育发展的执着追求。参与微沙龙聚会的各位校长认为，这种"微沙龙"是促进校长成长的一个途径。校长们觉得，如果这些碰撞出的校长智慧能够留住，惠及更多的校长，会更有意义。于是汇编"校长智慧文库"的动议便呼之欲出。

这一动议很快得到了一些校长的积极反馈。段兰华、刘显洋、郝素梅、尉小珑、张兆宏、齐振军校长从不同角度提出了"智慧库"的整体构思，建议将文库的系列图书定名为《首都校长教育智慧库》。联合更多的校长参与，本着自发、自愿的原则，共同围绕落实"教育纲要"、践行"北京精神"做件实事，从成长、发展、创新的角度展示首都校长的智慧风采。

在2011年仲秋和2012年初冬，全程参与策划的李江先生分别与刘显洋校长、彭藐校长邀请北京市不同区县的17名中小学校长，在北京小学丰台万年花城分校和北京市东城区和平里第一小学召开了《首都校长教育智慧库》策划商讨会。刘显洋校长、彭藐校长作为东道主分别主持了商讨会。

会上，校长们就《首都校长教育智慧库》的编辑工作进行了充分讨论，大家一致认为：编辑《首都校长教育智慧库》是展示首都教育的平台，是首都校长思想智慧交流的平台，是促进校长专业发展的平台，有利于促进校长静心深入思考教育，梳理教育思想，总结办学思路，对落实《国家中长期教育改革和发展规划纲要》，促进首都教育的均衡发展、提升首都教育综合水平有着重要意义，还能够有效地树立首都北京的文化创新形象，也是校长心系学生发展、心系首都教育、心系纲要落实的具体创新行动。

会上，校长们就《首都校长教育智慧库》的组稿工作进行了充分讨论，确定了组织、内容、编辑等工作思路：

根据尉小珑校长的建议，将组织参编《首都校长教育智慧库》的过程，定位为“校长调动思想内存，全方位思考教育，服务教育的提升过程”。将校长多年以来对教育思考、实践进行梳理和总结。

根据齐振军校长“挖掘校长智慧”、“校长要自觉、自愿”的建议，将“热爱教育、善于思考；具有创新发展意识，重视学生成长、可持续发展”作为“入库”校长的基本条件。校长自发参与，更能体现校长对教育的热爱，更能体现校长的责任意识。

根据刘显洋校长“要体现首都特质”的建议，确定了“面向全市，定向邀请，自愿参与”的组稿原则，“入库”校长涵盖北京市16个区县，各区“入库”校长能体现本区的高水平，“全库”校长能体现首都教育的水平，最终要体现首都校长们的思考的智慧。

根据李文凤、张兆宏、张桂明、杨东、刘显洋、闫伟等校长建议，确定了书稿内容要求。即全书内容要突出“四性”：独特性、实践性、实用性、前瞻性；具体内容要突出“三鲜”：鲜活、鲜明、鲜实；观点、案例要立足“二本”：本校、本人；所有内容围绕“一心”：促进教育发展为中心，体现校长的最高教育智慧。

根据郝素梅校长的“要严格保证科学性”、“要把好审读关”的建议，确定了“先读后编”原则。即所有稿件先由二位以上校长作“第一读者”，之后再进入编辑程序。把编辑过程当作交流、提升的过程。进一步完善了编辑思路。会后，根据推荐和自荐的原则组成了以现任校长为主体的《首都校长教育智慧库》编辑委员会。

编委会就相关出版事宜与同心出版社进行了沟通，得到了出版社的赞赏和支持，专门成立了编辑组，并将《首都校长教育智慧库》列为同心出版社重点图书选题，根据出版社建议，郝素梅、李文凤、刘显洋校长撰写推荐函，推荐申报北京市重点图书选题。

《首都校长教育智慧库》的起点，源于首都校长的智慧；《首都校长教育智慧库》构思的完善，受益于首都校长的智慧；《首都校长教育智慧库》的出版，体现的是校长教育智慧的升华。将会展现首都更多校长的智慧和他们心系学生成长，献身教育事业的风采。

真诚地期望《首都校长教育智慧库》能为首都教育的发展出点力，能对广大校长朋友的专业成长有所帮助。

《首都校长教育智慧库》编委会

2012年5月

自序

教育——就是享受欣赏的心态

当一名教师，教书育人，曾是我儿时的梦想。1981年我毕业于通州师范，开始了自己的追梦之旅。在30多年的一线工作中，我享受着自己的职业，享受着自己的成长，也分享着孩子的成长过程，分享着孩子进步的快乐。

我把教育当做一种享受，享受教师职业的幸福感，是因为我热爱教育。“独乐乐，不如众乐乐”，教师乐教不如学生乐学。采取什么样的教育理念才能让学生享受学习和成长的快乐？我反思自己的工作做法，借鉴同伴的成功育人经验，用心与家长、学生沟通交流，分析成功人士的成长经验，研读观点、理念不同的教育著作，试图从中找到答案。

在学习与思考的过程中，我实践了一些在当时比较前沿的教育观点，如：生命教育，其强调教育的核心是“人”——教育就是对人的生命启迪、润泽与尊重。同时还感悟了很多有关教育的判断，如教育就是建立心灵的秩序；教育就是开发潜质；教育就是培养习惯；教育就是个性品质的培养；教育就是解放心灵等等。这些教育的判断从不同的角度强调了教育对学生内在、外在智能的培养与开发，并没有特别突出知识的传授。这说明，知识的传授只是教育的一部分内容，做人做事的态度、情商、规则意识对人的发展更为重要。

“一个鸡蛋从外打破是食物；从内打破是生命。人生亦然，从外打破是压力，从内打破是成长。”李嘉诚先生这句话进一步启发了我对教育的理解：孩子的成长最终要自己从内心深处打破，教育就是帮助孩子自己从内打破。我把这个“内”理解为“内在的对人对己对事的心态”。

心态，简言之，就是心理状态。是生命的第一要素，心态是本质的、内在的、原始的推动力，更是教育的首要因素。

马斯洛说：“心态若改变，态度跟着改变；态度若改变，习惯跟着改变；习惯若跟着，性格跟着改变；性格若改变，人生跟着改变。”人只有改变内在的心态，才能改变外在的世界。

不同的人拥有不同的心态。教育的过程就是调整人的心态的过程，是一个帮助学生树立对人、对己、对事、对物的正确态度的过程。是一个润泽心灵，开发潜能，实现自主学习、发展自我的过程。

教育学生犹如栽培一粒不同的种子，是西瓜，就应让他成蔓；是杨树，就应让他参天。通过教育，帮助学生建立什么样的心态，才能启迪，激发其固有的潜能，成其所是，实现生命的精彩绽放。是阳光心态还是感恩心态？是分享心态还是欣赏心态？其结果是不尽相同的。

回想自己一路走来，虽不能说成功，但也算小有成绩。这其中有领导、老师对我的认可与欣赏，也有同事对我的鼓励与欣赏，也有我对自己的自信与欣赏。欣赏成了我成长的关键词。我可以很幸运地说，是欣赏成就了我的今天，是充满欣赏心态的氛围成就了我的成长。帮助学生建立欣赏的心态，让每个人拥有欣赏的心态，成为我人到中年的教育理想。

2008 年底我调入史家小学通州分校任校长。对我来说，既是自己职业成长发展的新机遇，也是挑战。史家小学是首都一所文化底蕴浓厚的名校。无论是家长还是学生，无论是领导还是同行，都对这所地处京东的新分校满怀期待。我作为首任校长，把学校的发展定位在“四有力”—“教育理念有张力，校园文化有活力，教师队伍有魅力，学生发展有潜力”。“让每一位教职员工在这所学校享受工作，享受职业幸福；让每一名学生在这所学校享受学习，享受成长的快乐”。

包括我在内的学校领导班子在反复酝酿、多次专家论证的基础上，确立了“欣赏教育”—“享受欣赏心态”的育人思路，逐步实现了多种教育理念与史家分校特色建设具体情况的有机结合。

“欣赏教育”包括四侧面的内容：帮助学生建立“欣赏的心态”（欣赏自我，欣赏伙伴，欣赏自然）；帮助教师建立“欣赏的心态”（欣赏学生，欣赏同伴，欣赏职业）；帮助家长建立“欣赏的心态”（欣赏孩子，欣赏家人，欣赏教师）；帮助学校营造有利于“欣赏的心态”的育人氛围（校园环境，管理文化，德育活动）。

这四个方面共同组成一个完整的欣赏育人体系，使所有教育参与者价值主流取向同一，齐心协力服务学生的成长。

近三年的摸索实践，我们注重细、小、实，突出示范、引领。在史家小学通州分校，欣赏无处不在，这里面包括校长、教师、家长、孩子之间的欣赏。在欣赏教育大环境中，最大限度地实现着欣赏的互动。

互动欣赏最终形成一股巨大的合力，共同指向一个目标—实现学生与人的和谐，与自我心灵的和谐。

多年的教育工作经验告诉我，凡事只要“心向往之”，就会形成强大的推动力。这个“心”，就是我们教育的心态，我们用享受的心态对待工作，用欣赏的心态教育孩子，就会平等地对待每一个孩子，就会不放弃每一个孩子，就会为每一个孩子提供应有的、有效的、适合的、公平的教育，真正实现“有教无类”。

在国家全面促进均衡教育的今天，有利于均衡教育、体现公平的教育，才是最有质量的教育。

享受是心态，欣赏是等待，让我们用充满欣赏的心态、希望的眼光等待孩子的成功。让教育在欣赏中微笑。

教育，就是享受这种心态。

李文凤

目录

第一章 认识欣赏教育

美国心理学家威廉·詹姆斯曾经说过：“人性中最深刻的原则就是期望他人对自己加以欣赏，给予欣赏。”身为新时代的教育工作者，肩头无疑担负着整个社会与所有家长的良好期望，在教育孩子时，教育者是否能够充分而自如地运用欣赏教育，是孩子在成长过程中是否能够充分发挥自我潜能、获得不断进取动力的关键所在。

第一节 “欣赏教育”的提出

在对欣赏教育进行研究的过程中我发现，其实欣赏教育在国内并不是一个新鲜的事物，它与中华民族源远流长的教育传统、与国家对教育的基本要求有着莫大的关联。而这种源于传统与国家制度下的教育方式只需要在现实生活中，与真实的教育进行良好的协作，便能够达到预期的目的。

欣赏教育的本源就在于要有一颗爱孩子的心。在教育中，事事从孩子的角度出发，为孩子着想。以他们能接受的方法对待他们，教育他们。

阅读中，有一篇文章给我的印象特别深刻。文章中写道：在暴风雨后的一个早晨，一个男人来到海边散步。他一边沿海边走着，一边注意到，在沙滩的浅水洼里，有许多被昨夜的暴风雨卷上岸来的小鱼。它们被困在浅水洼里，回不了大海了，虽然近在咫尺。被困的小鱼，也许有几百条，甚至几千条。用不了多久，浅水洼里的水就会被沙粒吸干，被太阳蒸干，这些小鱼都会干死的。

男人继续朝前走着。他忽然看见前面有一个小男孩，走得很慢，而且不停地在每一个水洼旁弯下腰捡起水洼里的小鱼，并且用力把它们扔回大海。这个男人停下来，注视着这个小男孩，看他拯救小鱼们的生命。

终于，这个男人忍不住走过去：“孩子，这水洼里有几百几千条小鱼，你救不过来的。”

“我知道。”小男孩头也不抬地回答。

“哦？那你为什么还在扔？谁在乎呢？”

“这条小鱼在乎！”男孩儿一边回答，一边拾起一条鱼，扔进大海。“这条在乎，这条也在乎！还有这一条、这一条、这一条……”

看到这，我仿佛看到了那些小鱼，张着嘴，渴望着回到大海。我似乎也能感觉到，小鱼们回到大海之后那种兴奋、愉悦的心情。就像是孩子，那一双双渴求的眼睛，触动着我的内心。他们注视着你，眼里都是渴望。渴望得到老师的关注、欣赏。欣赏孩子，就要有一双发现美的眼睛，寻找学生身上的优点，放大优点，让孩子体会到在集体中的价值。与欣赏教育相反的就是处处在意学生的缺点。每个人身上都有缺点，这是毋庸置疑的。盯住学生的缺点不放只会让孩子越来越自卑，无法相信自己。我们要给孩子们空间，给他们改正缺点的空间，给他们成长的空间，让他们自信快乐地学习生活！我们不要吝啬自己的爱，我们要把爱播散给孩子，因为孩子在乎你的爱！

1. *欣赏教育源于对教育的思考*

不管在何种活动中，人都不等同于主体，但是，人的本体上，则已经存在成为主体的一切潜在条件。马克思曾经说过：“动物是与其生命活动直接统一的，因为没有意识，所以它们并没有将自我与自我生命活动进行区别的能力，而仅仅停留在生命活动的基础上。人则将自己的生命活动本身，变成了自我意志与意识的对象……也正是因为这样……其活动才是自由的活动。”正是因为如此，人的主动性与个体化才显得极为珍贵。至于“唯命是从”、“温顺从听”，则是以人的主动性与个性化为代表的主体性被压抑的具体体现，如此看来，如何在教育过程中，将主动性、个体化归还给人，才是教育活动中首先要明晰的问题。明确了这一点，我们才能在教育过程中，将发展的主动权还给学生，这实际上也是探究欣赏教育的要义所在。

另一方面，提倡欣赏教育，不仅仅对于孩子的成长有着莫大的作用，同时也有利于我们更好地构建和谐社会。追求社会和谐、营造美好社会，始终是我党所坚持的执政理念。在党的十六届四中全会上，胡锦涛总书记指出，我们应致力于社会主义和谐社会的建设，以期实现公平正义、民主法治、诚信有爱、人与自然和谐相处的目的。

和谐社会的构建是一项艰巨而复杂的系统工程，它所需要的条件与应具备的要素有许多，其中极为重要的一项，便是实现人与人、人与自然间的和谐。

发展方能促进和谐，发展才会拥有真正的和谐，在现代社会中，国家是否能够获得发展，关键在于人力资本是否能够得到提升，而人力资本的提升，则完全取决于教育方式。从这一意义上来说，教育对于社会主义和谐社会所产生的基础作用，是通过个人素质的提高、个人生存能力的培养而实现的。

在教育的过程中，引入中国传统文化是使教育实施更适合国情的一个有效措施。我国是一个拥有着辉煌历史的泱泱大国，在五千年的文化传承间，充满智慧的劳动人民创造出了璀璨的文化瑰宝，这些文化瑰宝中不仅蕴含了文化、思想、道德、伦理、社会责任等丰富的内涵，同时还可以让我们从中寻找到中华民族的发展历史。可以说，这些经典文化是我们中华民族屹立于世界之林的思想支撑，更是构建社会和谐发展的重要思想保障。

让孩子们在诵读经典的过程中获得心灵的和谐并不足以全面推动和谐社会的发展，唯有在“心灵和谐、家庭和谐、学校和谐”三方结合之下，方能形成教育的和谐。而和谐社会最显著的人文特征是生命个体之间相互欣赏、相互尊重。

个人的价值往往就能够彰显出生命的价值。当一个人欣赏到他人、他物的存在时，欣赏与生命便会同时成为一件幸福的事情。欣赏是一种理解的延伸，更是一种知性的壮美，同时也是一种激励的本领与无穷的力量。英国著名哲学家培根曾说过：“欣赏者心中有朝霞、露珠和常年盛开的花朵，漠视者冰结心城，四海枯竭，丛山荒芜。”这一描述适用于所有人。在受教育期，孩子们在学校中度过的时间往往多于家庭，若是在师生、生生间形成一种相互欣赏、自我欣赏的态度，那么，师生关系、生生关系便会变得更加平等与平和，生命与生命之间便会形成以关怀为中心的良性循环，并会进一步地帮助个体理解到生命与生活的真正意义、进而关注生命整体发展，使个人具有更健全的人格、更鲜明的个性与更具有创造力的人生。

这便是在和谐社会中，我们所追求的欣赏教育与生命个体的完美契合，同时也是欣赏教育在社会大环境下，力求达到的效果：以人文的关怀、人性的暖色，达到强化他人、升华自我的美好效果。

欣赏即教育与接受，欣赏教育的构建是通过一定的有效措施，使教育变成一个愉悦、双向有益的过程中，从而使老师、学生皆能在“欣赏”的过程中自由地接纳教育与其具体的行动措施。欣赏教育的“价值引导”与教育主体的“自主构建”这两个相对独立的方面，便可以在价值自由地“欣赏”这一过程中得以统一完成，而绝对与相对的矛盾也将逐渐缓和，直至消失。老师与孩子之间的教与被教关系，也将由此转变为双方围绕同一问题而展开的、不同视角之间的对话关系、理解关系。因此，欣赏教育的具体运用，将为学校教育走出当前灌输式困境提供一条极为有利的途径。

也正是因为强调与贯彻了教育主体性的回归，近几年，欣赏教育越来越受到人们的青睐，欣赏教育为学生的健康成长、成才创造了良好的环境。欣赏教育在教育界已被广泛应用，“相信你会做得更好!”几乎已成为每个教师对学生的口头禅。国内很多中小学也把欣赏教育作为一种有效的教育手段加以研究，如光明小学的“我能行教育”就是欣赏教育成功的案例：在该校展开的“我能行”教育中，从学生、教师、家长三方面入手，以学校教育、教学、管理、家教为协同手段，将自信教育当成核心，通过了不同的教育教学实践活动，使学生们在思想上建立起了“我能行”的意识，并使学生有机会在情感上体验“我能行”、在行为上表现“我能行”，从而使学生、教师、家长形成了共同发展的意识，并逐渐地形成了学校特有的办学特色。

借鉴其他教育机构的成功，再反观自我，我们便可以明白，在教育过程中，我们必须要做到的是，结合自身实践，形成自我特色。北京市史家小学通州分校是一所新建学校，2009年9月1日正式招生开学。史家小学这一名校赋予通州分校新校区浓厚的底蕴，而新世纪又赋予了它新鲜的时代气息，各界领导、社会、孩子家长对新学校未来发展更是极大关注。

2. *欣赏教育的理论依据*

在我对欣赏教育模式进行研究的多年经验中，个人认为欣赏型教育的核心追求在于教育者在进行教育活动时，对个体尊重、追求个性化发展与教育对象之间的“自主构建”这两个相互对立又相互影响的方向之间，在教育者、教育对象之间互相自由“欣赏”的过程中得到完美统一与结合的关键。它是教育过程中的“承认差异、允许失败、无限热爱”等奥秘的总结，同时也是我们应在现行教育范围内进行积极探索的一种全新教育理念。因此，这一教育方式的核心理念是站立在教育学的角度，以欣赏的形式，对孩子们的个体发展进行正面强化，并最终达到推动其全面发展的目的。

(1) 从教育学的角度来看，欣赏教育的重点在于生活教育理论

我国著名教育家陶行知曾经根据自我教育实践经验说过这样一句话：“没有生活做中心的教育是死教育；没有生活做中心的学校是死学校；没有生活做中心的书本是死书本。”由此可见，教育必须要源于生活，并最终归结于生活，脱离了生活，教育只能成为空谈，因为缺乏实际的发展意义。

什么是“生活教育”？对这一问题，陶行知先生曾经给出过自己的见解：

“生活教育是生活所原有，生活所自营，生活所必需的教育。教育的根本意义是生活之变化。生活无时不变，即生活无时不含有教育的意义。”在他看来，人类社会发展过程中，无时无处不充满着各种各样的生活教育，而生活即教育、生活也将决定教育：个体过着怎样的生活，便会受到什么样的教育。

学龄期是个体个性品德不断发育、成熟的关键时期，在这一时期里，孩子的心灵是一块奇妙的土地，你播下什么样的种子，便会收获相应的果实——这一理论与欣赏教育中在尊重个体自由发展的基础上、教育者的适当引导促进成长不谋而合。其关键都在于，让孩子在受教育的过程中，回归生活与真实的自我，同时加以内在思想、心灵上的升华与个性化，进而形成全面的个人价值观，不断地向着全面化发展进发。

生活教育理论在欣赏教育的过程中，既强调了教育过程中的潜移默化作用，力求让孩子们在和谐、温暖的氛围中，使老师与孩子形成平等的关系，让孩子们去感受、去经历、去体验真实的生活，又强调了环境本身对于成长所起到的暗示与熏陶作用，只有让教育与生活结合，才能发挥出最大的作用。另一方面，生活教育理论也使教育场合、范围不再局限于学校、课堂与书本，而是强调“社会即学校”，这不仅是生活教育的逻辑与实现保证，同时也是使教育者能够综合利用各种社会资源，为孩子的发展创造出更优良的条件的前提，孩子参与到了教育的过程中，在这一过程中，那些陌生的、外在的、与已无直接关联的对象转变成了他们熟悉的、可以交流的、甚至是融于心智的具体存在，而这种具体的存在最终让孩子更能够融入、参与到这样的“做事”过程中去。

生活教育之所以会成为欣赏教育的核心所在，其关键原因就在于，它承认了教育方式与内容的开放性，使教育不再脱离生活，从而避免了因学生无法理解过于抽象、理性化的事、物、概念的情况出现而导致教育失败的结局。

(2) 从心理学角度看，欣赏教育的重点是强化理论

欣赏教育所强调的是，在对孩子进行正确表扬的同时，使孩子们的求知欲望与情感进一步增强，同时获得自我认可与求知上的成功。不管是在何种教育场合中，欣赏教育对于塑造老师、孩子们的全面发展上都起着举足轻重的作用。

从心理学的角度来分析，教育者在教育过程中有意或无意的行为，都有可能对孩子起到强化作用，而这种强化作用往往可以分为正面强化与负面强化，使用两种截然不同的强化，可使“优者更优、差者更差”。原因很简单，教育本身就是塑造行为的具体过程，成功的教育训练的关键就在于，对强化的效果与操纵强化的具体过程进行详细的设计，并最终产生相应的作用——老师对于孩子的批评，对孩子而言就是一种负面的强化；而相对的，老师对孩子的欣赏，对孩子而言就是一种极佳的强化，它可以促使孩子再次想要去重复这一动作，让自己重新体验被夸奖的快乐。多次之后，这种强化便会被进一步内化，到时，就算老师不再进行欣赏表达，孩子也会因为已形成习惯，而自觉地那样做。

1968 年，美国心理学家罗森塔尔与雅各布森共同进行了一个试验，该试验进一步验证了肯定与赞美所带来的惊人效果：两位心理学家随机选择了一家学校，并对该校学生进行了一次为了“预测儿童未来发展潜力”的智力测验，然而，他们并没有根据测试的结果，而是从所有参与测试的孩子中抽取了20%的学生，同时告诉这些孩子的任课教师：这些孩子未来将大有作为。

8 个月后，心理学家们重返学校，发现了教育学上的新奇迹：那些被认定为“发展潜力大”的孩子智力明显增高，除了性格活泼以外，他们的求知欲也变得极强，并与教师建立起了融洽的关系。

罗森塔尔根据此试验得出结果：只要你从心理上得到一种积极的暗示，那么你的生命状态就处于一种积极的状态之中，从而不断成长。这一现象即著名的“皮格马利翁效应”。

根据这一心理效应，我们可以看到，除了教师的威信所造成的正面积极影响外，四大教育心理机制的存在，使孩子们获得了超出预想之外的教育效果：一是气氛，即教师本身所抱有的期望，让老师愿意去关心学生，并愿意关心对方，给予对方温暖的情感支持；二为反馈，教师对于那些寄予期望的学生给予了更多的认可与鼓励；三是输入，教师在教育过程中，不断地向学生表明了自己对他们所抱有的高期望，同时为他们提供了极有帮助的相关知识材料；四为鼓励，即对待所期待的学生，教师总是给予心理与物质上的协助，让孩子们不断地朝着期望发展。

这一效应完全是按“憧憬——期待——行动——感应——接受——外化”的机制进行的：在拥有美好期望的前提下，期待者不断地付出努力与正面的评价、支持，使被期待者在感受到肯定、接受了帮助之后，愿意做出相应的努力，使自我潜能得以激发，使期待效果得以完成。

在从“憧憬”到“外化”的具体过程中，受到期待的学生所产生的正面自我评价也是不容忽视的：自我评价的孩子更富有创造性，同时也能够更快、更有自信地融入社会团体。传统教育方式中的评价是一种单一的、刻板的、静态的、狭窄的教师中心主义的评价，但在上述过程中，评价变成了双向的、活泼的、动态的、多层次多视野的、以学生自我确认和自我改进为主要目的的评价方法。其着眼点在于，充分将学生学习的积极性和创造性发挥出来。

以上心理理论可谓是“欣赏教育”的雏形，孩子们的自我认可正是欣赏教育所追求的最终结果——从教师改变自我教育方式开始，到进一步强化学生的正面行为与评价，使其愿意、能够相信自己所拥有的能力，并最终令潜能发挥拥有充分空间。这些心理理论从客体与主体两方面，证明了欣赏教育所蕴含的巨大潜力，同时也进一步强调了欣赏教育在具体的教育过程中所能够发挥的巨大作用。

(3) 从多元智能理论看，欣赏教育的重点是全面发展理论

相对于传统教育方式而言，欣赏教育并非放弃了“智能决定成就”论，而是加入了多元化的发展理论：智力、情商等多种原因综合之下，个人的发展才有可能得到全面的实现。情商在欣赏教育过程中起着重要的作用，它使教师、家长与学生能够在认知情绪的基础上，识别与理解他人的情绪，从而构筑形成动机、兴趣与自我激励相结合的动力机制，以期达到对人际关系进行良好协调与处理的目的——从这一点来说，情商也可以被称为情绪智力。

多年以来，传统教育学一直认为，智商越高的人就会越聪明，反之则越愚笨，这种观念在教育行业中早已成为了根深蒂固的偏见，在国内的某些地区，甚至会根据这一观点对孩子进行入学性向测验。

但事实上，大量的事实证明，智商高者并不一定会成功，另一方面，许多被认定为智商普通、过低者，却在某些领域中表现出了突出的才能与过人之处。最具有代表性的“IQ低成功者”可算得上美国前总统小布什了。美国宾夕法尼亚州的拉文斯坦研究所曾经对美国历任总统的智商进行过统计后发现，小布什的智商仅为91，而科学标准中的低下智商为90。但正是这位智商在普通人中都算是中等偏下的人，却一度成为了美国的最高政治领袖。另一位典型的“低智能成功者”是世界著名艺术大师安迪·沃霍尔，他的智商只有86，但是这位“智商不及格”的男人，却在电影、出版、写作与音乐等诸多领域中获得了巨大的成功。这种现象的存在，使人们不断地反思与认定，并最终确定了，智力并不能完全决定个人能力——这与欣赏教育的本质不谋而合。

其实，能够更有力地证明智力并不决定能力的一个证据在于，美国当代著名心理学家霍华德·加德纳教授在经过研究之后，在自己的《心智的结构》一书中表明，智力并不是一种能力，而是一组能力，这组能力，并非以整合方式出现，而是以相互独立的方式存在并影响着个人的最终发展走向。

在加德纳看来，智能并非单纯地指一个人的智商高低，而那种统一的智商评价标准在现行教育方式所受到的重视并不合理。原因很简单：对于各种成功人士，我们只能说他们在某一方面表现得聪明与成功，以及他们使用怎样的方式，表现了自己的聪明，并依此获得了成功，但我们却不能说，谁是最聪明的、谁是最成功的。所以，对智能进行多种的分类势在必行。

加德纳的多元智能理论将人的智能分为了八类：语言—言语智能、节奏—音乐智能、逻辑—数理智能、动觉—身体智能、视觉—空间智能、自知—自省智能、交流—交往智能和自然观察智能。这仅仅是加德纳能够总结、识别的智能类型，但事实上，他认为，智能完全可以更加详细地分类。以上各种智能相对独立，它们用不同的方式与各自的程度进行了有机的组合，使每个个体都呈现出了与众不同、独一无二的智能特色，而个体的个性与独立性也在这种智能组合中体现得淋漓尽致。

这一理论明确地向我们指出了这样的事实：想要让孩子全面发展，我们便必须要从欣赏教育入手，对孩子所拥有的不同智能进行审视，并从多元智能理论出发，促成年轻一代的健康发展。在欣赏教育的全面发展观中，多元智能理论给了广大教育者重要的启示：每个人或多或少都会具有八种智能，只是其组合与具体的发挥程度不同，所以表现的形式也有所不同。在欣赏教育中，我们所强调的正是教育者依此建立起的积极教育观，即每一个学生都有自己的智能优势领域，同时也有适合自我学习的类型与方法，而且他们同样是拥有自我智能特点与发展方向的可造之材。从这样的角度看去，学生的问题不再是聪明与否的问题，而是在于，他们在哪方面表现得更聪明、是如何表现这种聪明的。

学生的智能表现得如此多样与复杂化，在这种大前提下，不管多么优秀的教育者，都不可能找到一种适合所有学生的教学方法，若是教育者不懂得在教育过程中，进行教学方式与手段的变幻，便势必会造成许多学生智能的萎缩与僵滞，这对于学生的全面发展、社会的进步无疑都是一种巨大的浪费。欣赏教育便是基于这种全面发展理论、由多元化智能理论入手，期望获得促进孩子全面发展的教育效果：在全面开发每个个体的各种智能基础上，为孩子创造出多种展现智能的具体情境，给每个学生多样化的选择，从而使每个人的潜在智能得到激发，并使孩子们的个性得到充分地发挥。

当然，想要实现这一教育举措与目的，便需要欣赏教育的实施者确立起一种新型的教学观，即因材施教、对症下药，根据孩子的个体性、独特化，来展开相应的欣赏教育，使孩子们能够在接受教育的过程中，正确地认识到自我所拥有的优势，得到应有的、相应的发展，从而主动、愉快地生活和沉浸在美好的学习过程之中，而这样的结果，就是欣赏教育中所追求的“教育方式与生命个体的完美结合”。

也正是因为强调与贯彻了教育主体性的回归，近几年，欣赏教育越来越受到人们的青睐，欣赏教育为学生的健康成长、成才创造了良好的环境。欣赏教育在教育界已被广泛应用，“相信你会做得更好!”几乎已成为每个教师对学生的口头禅。国内很多中小学也把欣赏教育作为一种有效的教育手段加以研究。

3. *欣赏教育与国内教育现实的接轨*

我们可以看到，在国内当下许多有关教育不公平的案例中，现行教育方式与体系中存在着不少的问题：贫困生上学难、好学校集中了更多家境好的孩子，城乡差距、地区差距、性别差距明显……种种现象都说明了这样的问题，现行教育体系中存在起点不公平、机会不平等的现象。而这种现象的存在，实际上是一种隐性的歧视与排斥。

从事教育活动几十年的经验告诉我，在现行的学校教育方式中，实效性低下问题是世界范围内教育界普遍存在的一种状态。巴西著名学者保罗·弗莱雷认为：“仔细对校内或校外任何层次的师生关系进行分析，我们就会发现，这种关系的基本特征为‘讲解’，这一关系包括了高高在上的讲解主体（教师）与处于被动地位的倾听客体（学生）……我们的教育正在承受着讲解这一弊病的损害。”虽然我们并不认为，在课程中使用讲解会导致“灌输”，但是，在传统教育观的导引之下，现行的国内教育又的确极少摆脱“灌输”的窠臼。而灌输式教学在本质上则意味着压迫，同时更意味着对学生作为活生生的人的个性、情感世界的漠视与教育过程中对学生主体的放逐。

在我国现行传统教育方式中，灌输式教育通过以下的态度与做法，使教师与学生之间的矛盾进一步激发：

·教师教，学生被教；

·教师无所不知，学生一无所知；

·教师思考，学生被考虑；

·教师讲，学生温顺地听；

·教师制定纪律，学生遵守纪律；

·教师做出选择并将选择强加于学生，学生惟命是从；

·教师做出行动，学生则幻想通过教师的行动而行动；

·教师选择学习内容，学生适应学习内容；

·教师把自己作为学生自由的对立面而建立起来的专业权威与知识权威混为一谈；

·教师是学习过程的主体，而学生纯粹只是客体。

教育离不开对知识与相应学习技巧的讲解，这是不争的事实，但是，老师将自我知识与技能凌驾于学习者之上的讲解，是不争的现行教育事实，这种事实无疑是一种目的与手段的倒置。在现行的教育教学过程中，孩子们承受了老师与成人化知识的双重压迫，二者皆以权威姿势出现在学生的面前。在这样的情况下，孩子们能够做的，大多不过是“温顺地听从”与接受知识；除此以外，他们对此再无发言权。这些教育方式在一定程度上反映了当下我国课堂生活的基本概貌，对此，身为一线教育者，老师与学校的直接管理者必须要进行深刻的反思，并直面教育的现实。

针对这种情况，我国《2010～2020国家教育发展纲要》明确指出了中国教育应遵循的方针与发展方向：坚持育人为本、以优先发展为准，进行改革创新，促进教育公平，提升教育质量。同时，纲要还提出了贯彻与执行“全纳教育”的总方针。

顾名思义，“全纳教育”即“全部纳入”，这种纳入是没有排斥、不存在歧视、不进行分类的运动。作为一种新兴的教育理念，全纳教育兴起于20世纪90年代，其初衷是为了关注残疾人的教育状况而进行的教育改革：它明确地反对那种传统教育方式中，对残疾人进行隔离式的教育。在短短几十年的发展中，今日的全纳教育早已大大超出了其本身的意义，同时形成了一整套的人权观、民主观、平等观和价值观。

从价值观取向上来看，全纳教育主张在教育过程中实现民主与平等，强调群体作用与合作作用，这是当下教育改革与创新的一个总趋势，同时也是国家发展、社会进步的客观要求。发生于现在的、存在于各个教育领域中的不公平现象，同样也属于全纳教育的研究范畴之中。

在建校之初，常常有人询问我：“作为史家小学通州分校的首任校长，你认为通州分校会办成一所什么样的学校？”面对这样的问题，我真的很难回答，借用朱永新教授在《我的教育理想》中对理想学校的描述：史家小学通州分校应是一所有特色的学校、一个有品位的学校；应该有一个富有人格魅力、有远大理想的校长；有一支创新的、有活力的教师队伍；应该拥有一批善于探索、具有良好习惯的学生……而在建校初期，应如何运用欣赏教育，使来自于四面八方的教师尽快地统一认识，使刚刚入学的孩子们在学业起跑线上好好把握住人生首个发展关键期，成为了我深入思考的基本内容。

在我看来，欣赏教育是生命的教育，更是富有生命力的教育，在孩子成长与发展的最重要阶段，捕捉孩子每一个优秀的时机，以恰当的方式来表现对孩子的欣赏，创造合适的平台，让孩子展示自己、欣赏自己，是实现教育本质的必要方法，更是实现教育目的的必要途径。

理想的办学境界并非一步达成，学校的主题界定便是其中最难的一项任务。任何品牌都必须科学地定位自己的核心价值。“生命化教育”的大方向一旦确定，接下来应进行的，便是如何站在“人”的角度上，结合并最大化利用现有教育资源，实现最佳的教育效果。著名教育家陶行知曾说过：“教育孩子的全部秘密就在于相信孩子和解放孩子，从相信孩子到欣赏孩子，就是教育的过程”。鲁迅先生所说：“一滴水用放大镜来看，也是一个大世界。”其实我们每个人都渴望被人关注、被人欣赏，是我们每一个人人性中最本质的追求，孩子们更是这样。

史家小学通州分校把“为每一个家庭提供最优质的教育服务，为每一个学生提供最优质的教育环境，确保每个孩子健康快乐地成长，提升其生命的质量，对学生的未来负责”作为学校的办学宗旨和对社会及每一位家长的庄严承诺。因此我们提出：用“欣赏”的理念，打造学校办学特色。

在将我校营造欣赏教育环境、推进欣赏教育的感想与经验写入本书的写作过程中，我发现，欣赏教育思想与全纳教育的思想有很多相同之处，可以说，欣赏教育是全纳教育实现的前提。欣赏教育期望改变以智力高低、分数差异为唯一指标的教育方式，因为那种教育就属于一种被筛选与歧视所充斥的教育方式，而那种方式与全纳教育的主张明显背道而驰。针对当下的教育体质，欣赏教育着重强调对个体的合理欣赏与认可，从而达到全面发展、多元化发展的目的。综合全纳教育的价值取向（崇尚民主参与、强调合作力量、提倡平等教育），这些皆属于社会对个体的基本要求，因此，我们实施与开展欣赏教育，为全纳教育的实施提供了极佳的条件。反过来，全纳教育的发展，也将进一步促进欣赏教育的创新与进一步提升。

在史家小学通州分校实施欣赏教育的过程中，在老师与孩子之间所发生的一个最大的变化是：使教师与学生之间的个体与主体本质得以回归；是教师指导学生，而不是学生去适应教师；使教学与课程满足了不同学生的不同需求，而不是学生去接受固化的教育教堂方式。这种立足于欣赏教育、以求实现全纳教育的教育观，无疑是促进教育创新、督促教育本质回归的极佳途径。

鉴于自我认知与教学、管理过程中的经验，我认为，虽然中国依然是一个发展中国家，在我国全面而真正地实现教育起点上的公平，彻底地体现“有教无类”的教育思想，依然是一个任重道远的过程，但是，以“欣赏教育”为基础，有效地展开全纳教育，响应国家教育发展，无疑对孩子成长、国家发展、社会进步有着切实的积极意义。也正是因为如此，我们才更应将其深深地植根在自我教育的观念和意识中。

第二节 “欣赏教育”的内涵

“累并快乐着”是我校每一位教师真情的表白；“困难面前有我们，我们面前没困难”是我们的行动誓言；“人人都是史家形象的代言人，个个都是史家品牌的创建者”是我们的行动目标。这种行动想要不断地深入人心，便必须要建立于对其内涵、实际概念的深入理解上。

1. “欣赏教育”的内涵

当下，我们可以将“欣赏教育”定义为：“时时、处处、事事以尊重生命为出发点，肯定自我、实现自我、承认他人、强调和谐相处，充分实现生命价值为过程，以‘欣赏’为核心，多种资源参与，相互影响的科学育人体系。”

用“欣赏”的教育理念，打造学校办学特色，需要从特色主题的提出、特色主题确立与具体实施、我校对欣赏教育的可行性分析、欣赏教育实施的预期目标与步骤，欣赏教育实施的策略与方法、欣赏教育实施的措施保障、欣赏教育实施的原则等方面入手，以求达到欣赏教育中的五个内涵：

(1) 构建欣赏育人的文化氛围

若将文化比喻成精神领域的空气，无所不包、无所不在的话，那么学校则应是洋溢着这种神奇空气的田园。一所特别的学校，之所以特别，是因为其精神空气与众不同；一所优秀的学校，之所以优秀，是因为它的精神空气能够被共同背景下的人们共享与传播；一所百年名校，之所以可以盛名远扬，是因为它的精神空气能够永久地保留，广泛地扩延，照亮未来。在这样的学校中，师生们可以在这里吸取最洁净的精神空气，享受最具有营养的文化滋养，向着自我最有可能的最佳方向不断发展。

(2) 建立教师职业幸福感的机制

我国古代先哲孟子曾提到“君子有三乐”，其中“得天下英才而教育之”即为一“乐”。教师是否能够从教育过程中体会到职业幸福感，是其对所从事的教师职业能否产生认可的关键所在。若从教育本质上来说，教育是关于心灵构建的事业，教师职业理应是一种最能够体会到幸福的职业，但现实生活中，大部分教育工作者的幸福感并不高。影响教师获得幸福感的因素有许多，其中，最重要的便是职业成就。在我校欣赏教育的实践中，我们力求能够让所有的教育在和谐的氛围中尽情地展示自身的价值，同时获得社会、学校、同事、家长与学生的尊重与重视，使其产生职业幸福感、获得专业成长，并进而触动他们愿意为教育深刻思考、进行创新的神经，使其对教育事业的责任感、自信心不断增强，从而使自我职业发展注入新的生机与活力。

(3) 强调学校教育中的欣赏

任何一种教育思想的落实都必须有实施的场所。欣赏学生的方式有很多种形式，教师的语言赞美仅能满足被欣赏人的心理需要，因此，我校在强调教师的欣赏主导性的同时，还不断地加强着欣赏教育当中学生的主体作用，同时，多种措施相结合，为所有的学生提供一个又一个展示自我优势的平台，力求使每一个孩子都能受到关注，学生的每一点进步都会被关注，从而使每一个孩子都有机会体验成长过程中的快乐。在具体的实施过程中，我们既关注了孩子们的智力因素，同时对孩子的非智力因素也极为重视，力求在注重学生能力差异的前提下，使欣赏教育更富有人性魅力。这种口头欣赏与实施措施保障共同作用之下，能够产生一种无形的推动力，使欣赏教育发挥出最大的作用。

(4) 结合家庭教育中的欣赏

著名教育家苏霍姆林斯基说过：“没有家庭教育，学校教育便难以发挥其作用。”作为教育的另一重要实施场合，家庭教育的重要性无需赘述。如何做到学校、家庭中的欣赏教育相结合，是我校进行欣赏教育的具体实施过程中，重点考虑的问题：学校单靠举办几期的家长培训与家长会来达到交换相互的教育经验与效果是远远不够的。在这方面，我们除了为学生提供了良好的学习环境外，更举办了多种形式的家长培训会，不时地向家长讲授正确的欣赏教育理念与操作方法。同时，还将学校欣赏教育研究成果与家长进行分享，以方便家长积极主动地配合好学校教育的同时，调整家庭教育中出现的不可忽略的问题，从而保证了孩子不管是在学校还是在家庭中，都能够获得全面的欣赏教育。

(5) 帮助学生实现自我欣赏与欣赏他人

让自我意识与看问题方法尚不全面的学生进行自我欣赏与互相欣赏，是整个欣赏教育过程中一个既重要却又较难把握的环节。在具体的管理过程中，我发现，在传统教育环境下，孩子们很难做到认真而客观地评价他人与自我，而积极客观地去欣赏他人，正是欣赏教育主体进行欣赏的重要条件之一。我校结合了现代学生的心理特点，将之与欣赏教育的具体理念相结合，建立起了全面评价体系，力求让孩子们做到在欣赏自我的同时，对老师、其他同学进行合理的欣赏，帮助其建立起合理的欣赏心理机制。

以上欣赏教育的五大内涵也可以认定为欣赏教育在我校资源、时代背景之下形成体系所需要的主要内容。这些内容的实现，不仅需要教师对自我职业抱有信心、理性的看法与宽容的心态，同时还需要教育双方以信任、尊重与理解的态度看待彼此，并在家庭、学校的大背景之下，紧紧把握学生在所可能发展的方向上表现出来的优势，进行真正公正而客观的肯定，从而让内心的骄傲由星星之火成燎原之势，让教育在欣赏的过程中走向成功。

在我校实施“欣赏教育”的过程中，不少的优秀教师对欣赏教育进行了自我学习与再思考。下文便是其中之一：

咬文嚼字说“欣赏教育”

教师 孙亚桂

记得教育学中说过：教育在人的发展中起着决定性的作用。在实践欣赏教育思想的一年多里，我才真正领会到这一点。面对问题学生，多么严厉的批评与惩罚都代替不了一句欣赏性语言、一个饱含期待的眼神、一个竖起的大拇指、一个不会说话的“小红花”所带来的神奇变化……欣赏教育让我们领略到为人师的幸福与快乐。

读读欣赏教育文章，看看教师们记录的欣赏教育案例，我突然发现：欣赏教育大多用在转化“问题学生”身上，教师们通过欣赏的态度使问题学生的思想、行为发生变化。难道欣赏教育仅仅局限在这里吗？想一想，课堂上学生不听讲现象为什么屡屡出现呢？深谙汉语的人都知道，汉语往往是一词多义的，理解的角度不同，意思也随之发生变化。“较真”的毛病促使我对“欣赏教育”咬文嚼字。

现代汉语词典中“欣赏”一词有两个义项，其一“享受美好的事物，领略其中的情趣”；其二“认为好，喜欢”。这两个义项都说明“欣赏”是动词。“欣赏教育”作为一个普普通通的四字词语，由于“教育”这个词在不同语境中的词性不同，导致这四个字构成的词组性质也随之发生变化。如果以“教育”为核心词进行质疑：“怎样进行教育？或什么样的教育？”那么欣赏教育就是一个偏正词组，“欣赏”是修饰限制“教育”的，实践中多数教师谈到的欣赏教育就是从这个角度理解和认识的。“偏正式”的“欣赏教育”是站在教育者的角度而言的，“欣赏”是教育者的观念、态度、是实现教育目的的途径、手段、方法。如果将“教育”看作名词，以“欣赏”为核心词质疑：“欣赏什么？”——欣赏教育，这个词组又变成了一个动宾词组。从动宾词组角度分析，我认为“欣赏教育”是针对教育者和受教育者双方而言的，是教育者和受教育者双方享受教育的美好，感受教育带来的乐趣。

“以人为本”是新课程的核心理念，在新课程的学习中，欣赏教育更应是“动宾式”的“欣赏——教育”，让每一个教育者享受学习过程，感受学习情趣，身心愉悦发展，并最终实现教育者和受教育者双赢的过程。

来自于老师的看法与集体的智慧让我校对“欣赏教育”理解更加透彻，同时，也使“欣赏教育”的内涵更趋完善。在这篇《咬文嚼字说“欣赏教育”》中，主要从字面意义对“欣赏教育”进行了探讨，但这样的切入角度难免会存在一定的缺憾与不足。在我校整个“欣赏育人”文化氛围的构建过程中，思想上的深入理解固然必要，但是如果能够辅助以实际的、具体性的措施与保障，那么欣赏教育的成果将会更进一步深入化。

2. *欣赏教育与赏识教育的区别*

虽然欣赏教育对于改善传统教育中所存在的问题、继承传统教育中的优点、提升教育主体双方的积极性有着莫大的帮助，不过，鉴于这种教育理念在国内属于教育领域中的新兴理念，所以，具体的实施过程中，难免会出现不足。另一方面，在对欣赏教育进行深入研究的过程中，我也发现，欣赏教育与赏识教育中的确存在一定的重叠概念。

赏识教育中，“承认差异、允许失败、无限热爱”等奥秘，是其主要执行理念。在国内，最著名的赏识教育工作者当属周弘老师。周弘老师将对孩子单纯的赞赏上升到了赏识教育，并全身心地倡导、推广这一全新教育理念的实施。而其最成功的教育案例，莫过于周弘老师用这种教育方法将自己双耳全聋的女儿周婷婷培养成了留美博士生，同时，利用这种理念培养出了一大批的优秀人才。

赏识教育虽然同样建立于尊重生命规律的基础之上，并属于人性化、人文的素质教育，不过，其成功主要源于父母教孩子“学说话、学走路”成功率较高的教育现象。若仅从过程对两种教育方式进行识别的话，的确两者有着极大的相同之处：它们都推崇对孩子们的赏识与认可，并承认教育过程中的差异与失败，同时要求对孩子们抱以信心与热爱……但是，两者也存在着极大的不同。

赏识教育是通过教育者的观念觉醒，来促进孩子们生命状态的舒缓，同时力求达到激发潜能、提升孩子自我认可度的目的，而与欣赏教育相比，这两种教育方式之间的不同，更多地体现在了以下方面：

·从根源上来说，赏识教育更侧重于继承传统教育的特点

在传统教育理论研究中，我们习惯将教师与学生之间的关系，单纯地归为“主导与主体”的关系。现实教育过程中，教师多半会通过在学习中的教育主导地位，来进一步地促进教育行为与教育结果，进而表现出对孩子们的殷切期望。从这一角度来说，赏识教育的主导者是教育者，而孩子能否建立起自我认可度的关键也在于：自我是否能够获得家长的正确赏识——这种教育方式中，传统教育中“成人主导”的特点较为突显。

相对来说，欣赏教育不管是提法、还是具体操作，都比较侧重于“师生平等”的温暖与柔和协调，它强调的是将教师的价值引导与学生的自主构建进行协调、组合的具体过程，在这一过程中，绝对的一味欣赏是错误的，相对主义的“边欣赏、边责骂”也行不通，只能走中间路线：既融合传统教育中精髓，又吸收先进的教育理论；既让欣赏绝对发挥效果、又相对让其主体性在教师与学生间形成良性转换；既强调教师的引导作用，又不妨碍学习主体充分发挥的综合欣赏教育模式。

·从教育对象上来说，欣赏教育受众更广泛

赏识教育的模式更侧向于权威决定论：家长以父母的权威赏识孩子，教师以老师的权威赏识学生，这便决定了赏识教育所指向的对象为单一性的，孩子是受赏识方，老师与家长是实施赏识方。赏识的受益对象仅仅是孩子。

无可否认，家长在实施赏识教育的过程中，更容易抱以无私对待的态度，但是教师在进行赏识教育的过程中，若是无法得到高度的职业幸福体验，便极难获得实施赏识的主动性。权威式的教学过程并不能为教师带来预期的主体性提升，反而会引发自身主体地位的异化。这种教育方式虽然能够促进孩子们的自我觉

醒，但是对老师、家长的自我成长促进力度明显不足。

这样的事实只会引发两种结果：教师无法体会到教育与赏识的快乐，而仅仅是充当了知识的诠释者、赏识的发言人，这种角色定位势必将教育过程进一步固化，使其缺乏创造性、创新性；孩子无法充分地体会到受教育的快乐，其能动性、积极性也不能完全地发挥出来。

由此不难看出，赏识教育方式虽然对于教育有着相应的促进意义，不过，因为其过度侧重于孩子的感受，而导致了家长与老师在教育过程中的受重视程度不足，这种方式若操作不当的话，便很容易引发教育双方之间的不平衡。

在这一方面，欣赏教育则相对更有优势：它对主体性的追求与个性化的张扬，意味着教师与学生的双重解放——教育的受益人由一方变成了三方，其目的也不再仅仅是形成对孩子的认可，而是多方受益，在家长、老师欣赏学生的同时，学生也会学着去欣赏家长、老师与其他的个体，家长与老师、学生在相互欣赏的过程中，各取所需、各用所长、各补其短，共同构建出更和谐、更有效的教育氛围。

·从评价标准来说，欣赏教育更客观

赏识教育虽然同样对孩子们会起到积极的作用，不过，因为实施的主体大部分为个体，所以，赏识教育实施方——不管是老师、还是家长——在教育过程中，往往会受到个人情感与公众意见的左右，如果这种教育是以单方面模式出现的话，便很容易因为缺乏相应监管机制、相应配套管理设施，而导致家长容易被父爱、母爱冲昏头脑，难以判断孩子的具体客观情况、老师容易被偏见、教授课程所左右，无法公平合理实施赏识的情况，在评价孩子时，也难免出现偏差。

欣赏教育因为采取了统一评价与多元化评价，综合了家长、教师、学生的三方意见，在强调教育主体间的互动性、平等性的基础上，通过系统化的规则与具体举措最大程度上保障了主体平等性的实现，避免了情感与其他因素有可能造成的偏差，以制度保证了教育实施效果的合理化、客观化与理性化。

·从推进渠道来看，欣赏教育更有力

推进渠道，即教育方式的具体展开场合与方法。在赏识教育的实施过程中，学校并未参与其中，而只是单纯地将老师与学生组合在了一起，赏识教育属于一种具体的教育方法，它更多的是通过个体单位化来实现：以单个的家庭为实施中心，以单个的班级、老师为实施中心。这便造成了资源的有限与经验借鉴、总结的不足：多数家长并不具备完整的教育理念，个人能够借鉴的社会资源也非常少；另一方面，实施赏识教育的老师虽然具备了较为完整的教育理念，但同样存在社会资源不足的现象，再加上教育过程中极有可能出现内部教育观念不统一：某位老师坚持赏识教育，但这一教育方法不被其他老师认同，或是在取得了一定的效果之后，因为其他老师的失误，而造成前功尽弃的情况。这便使赏识教育原本所抱有的美好期望与具体措施仅能发挥、发展少数，或者无从发挥发展的局面出现。

欣赏教育则完全地避免了以上问题，在整个推进过程中，学校始终是主导，在建立起了相应的欣赏教育实施理念、原则、举措之后，学校往往会发挥自我资源的强大整合能力，为家长、教师、学生三者之间，建立起良好的欣赏氛围与丰富的可利用资源，再加上在学校的组织之下，家校、生生、师生、师师之间可以形成良性的信息反馈，欣赏教育往往能够及时地得知，哪些措施是对欣赏教育有利的，哪些措施则是必然要被摒弃的。这种主体的多样性，使欣赏教育的内涵进一步广泛化，并使其进一步具体化，在这种具体化的过程中，欣赏教育得以形成自我完整的体系，而非赏识教育的单一方法化。

赏识教育在以个体为单位的教育行动中，能够起到莫大的帮助作用。只不过，相比之下，若在群体性教育活动中，欣赏教育本身所拥有的系统性与客观性更适合。而且殊途同归，两者都是为了实现人性化的生命教育而进行的，从这一点来说，赏识教育是欣赏教育的组成部分。

第三节 欣赏教育的特点

相比之下，欣赏教育显然是一种适合于群体性的教育方式，而且它的特别之处也已明显胜出。不过，我们在实施的过程中，也需要了解它的具体特点与所产生的作用、功能，这是保障欣赏教育的实施能够在正轨中进行的重要前提。欣赏教育是以欣赏的态度，对教育活动的形式、过程与内容等进行全方位的改造，以实现“全面唤醒教育双方”和“提升教育质量”双重使命的教育模式。

从欣赏教育的具体实践中，我将欣赏教育的特点归纳为以下5点：

1. 从来源看是生命的体验

可以说，欣赏教育的核心与根本理念就在于，尊重个体的生命体验。与其他教育方式相比，欣赏教育所遵从的是引导、鼓励个体去进行差异化的发展，并以各种方式来引导他们充分地发挥自主性与能动性。所谓自主性是指，人在一定的条件下，对自我活动具有支配与控制的能力。在欣赏教育中，处处体现了这种个体的自主性，并力求引导教师与学生同时形成正确的自我认识与自我塑造意识，将时代与社会的道德要求，进一步转化为学生的自身需求，使其成为学生优良品质形成的内驱动力。欣赏教育中生命的能动性也是欣赏教育实现其教育目标的关键，它是指主体自觉、积极而主动地对客体进行认识、进行改造，而非消极而被动地进行认识与实践活动。

另一方面，欣赏教育在实施的过程中，承认了推理、判断与理论思维等在教育活动中必然会出现的举动，同时认可其存在必要性，欣赏教育的内容得以从理论方面下降到生活层面，使教育双方都更乐于发现自我生命的生动性，他们进行自由自主判断与推理的热情被激发起来，从而建立起真正的理性化看法。可以说，在一个充满了欣赏的教育情境中，欣赏教育通过各种活动，在潜移默化间，让教师与学生领会了自我生命的高贵与独特，也让他们愿意主动地参与到欣赏教育的各种实践中去。

2. *从教育角度看是思想的传承与完善*

欣赏教育不仅吸收了心理学、传统教育学、现代教育理论与中国教育文化中的精髓，同时，对这些思想与理论进行了二次构建与提升，属于现代教育方式中的一个新成果。通过欣赏教育，我们可以更加深切地感受到以上教育思想中的精华与教育方式的不断提升。在传承了过往经验后，欣赏教育更多的体现出了现代教育观中的价值与教育过程中不断探索与实践的永恒魅力。

难能可贵的是，因为欣赏教育的核心在于“认可与欣赏”，所以，它能够始终以科学的、谦虚的、开放的、务实的态度，不断地对古今中外的一切先进教育经验进行吸收，同时还能在多元智能化的信息大背景下，不断地向自我实践体系以外的其他教育组织与工作者、家长、儿童学习。在一次次的不断觉醒中，实现一步步的成长，获得全面、全新的学术滋养，从而为丰富、发展现代教育理论做出积极的贡献。

3. *从教师与家长角度看是本质的回归*

教育所起到的作用不仅仅是传授知识与技能，其本质还在于培养真正的“个人”。从本质属性上来说，教育是根据一定的社会需要进行的培养人的活动，或者说，培养人的过程。一方面，从孩子们的身心发展变化来看，教育是发展、是不断成熟的过程，是对生活、环境的适应，同时也是经验的积累与重新组合，更是个性社会化的具体过程。而从教师的角度来看，教育则是向下一代进行民族传统文化的传递、培养社会发展所需要人才的过程。由此可知，教育活动应是教师与学生在互动过程中的统一。不断地开展欣赏教育，其实就是在应试教育根深蒂固的当下不断地回归教育的本质，这已是欣赏教育执行者们的共识。

4. *从受教者角度看是心灵的解放*

应试教育属于单向度的教育，是过度片面与畸形的教育，同时也是造就个体心灵沙漠的肤浅教育，而欣赏教育所提倡的则是更完整的教育，其实质是"心"赏教育或赏"心"教育。就是用"心"爱学生，用"心"爱教育，用"心"爱教师，用"心"爱自己，用"心"传递爱心，用"心"启迪引领生命，它力求在解放心灵的同时，使教师与学生皆得到统一的完整成长。

因此，若是从受教育者——学生的角度来看，欣赏教育体现出的是心灵的解放，可以说，它是一种相对于以分数为主要价值判断标准的应试教育而言的"解放式教育"。在欣赏教育中，突出地关注了孩子们在心灵上的体验与感受。欣赏教育注重的是与个体进行更高层次的精神、心灵对话，同时，强调一个人的精神发育史，就是他的心灵感受史，并且通过采取全方位的、各种不同方式的具体措施，让学生拥有一颗敏感而博爱的心灵，使他们的精神世界蓝图得以重新塑造与描绘。

5. *从思维方式看是观念的更新*

联合国教科文组织总干事伊琳娜·博科娃在2009年11月的世界教育创新峰会上郑重提到："21世纪里，教育创新已成为摆在我们面前的重要问题，这是因为，我们所生活的世界正在变得越来越复杂，越来越整合，知识驱动性也越来越强。在这种情形之下，我们必须就教育的目的、自我学习的内容，以及为什么要学习、如何学习，展开持续性、批判性的交流与对话。"当下，我们的教育方式就如同一个简单但威力巨大的相框一般，若是不创新、不突破的话，便永远会困在其中，无法走出来。过于呆板的教育方式早已不适合时代发展的要求，而欣赏教育的理念与措施中，无不透露出观念的更新，而这种观念的更新，又进一步地督促着教育个体进行教育方式上的创新与突破。这种更新与创新，不仅是我们打破现有教育桎梏的关键，同时也是我们探索新教育方式的最主要途径。

第二章 欣赏教育的主要内容

没有欣赏便无法达成良好的教育效果，在上一章中，我们已经了解到，欣赏教育的基本特色就是从孩子的优点与长处出发，逐渐地让其形成人生发展的燎原之势。另一方面，了解只是深入的开始，在“欣赏教育”这种新型教育方式的具体实施过程中，我们需要从了解其基本内容入手，在立足于内容的基础上，使欣赏教育的主体尽量去理解、去体会、去自觉地实践欣赏教育。

第一节 以人为本的欣赏教育

作为一个教育者、一校之长，我在近年领导与实施欣赏教育的过程中，对欣赏教育的主要内容进行了总结，发现欣赏教育的主要内容是立足于“以人为本”的教育方针上，利用五大方面的因素，使其展开过程、实施结果向着良性的方向不断发展。

1. 构建欣赏育人的文化氛围

在史家小学通州分校推进欣赏教育的过程中，我开始意识到，欣赏教育在提高与完善参与教育的个体的素质方面拥有着独特的作用。特别是当欣赏教育与国家全面推动素质教育的要求相契合之后，欣赏教育也受到了前所未有的重视，迎来了新的发展机遇，进入了重要的全面发展时期。

与此同时，我也清楚地知道，任何成功的教育措施都不是孤立的，而是在一定的文化环境中创造出来的，教师与学生在实施与接受教育的同时，都会不可避免地受到所处环境的影响，因此，在欣赏教育实施的过程中，不能单方面地只讲技法，而是应将欣赏教育放入一定的文化环境中去，建立起相应的文化氛围，使欣赏教育的发展有人、物、力的全面支持，唯有如此，方能使欣赏育人的理念在教育教学过程中得到彻底的贯彻与实施。

2. 建立教师职业幸福感的机制

营造欣赏育人文化氛围中，极为重要的一点，是积极地建立起教师职业幸福感的机制。教师职业幸福感是指教师在教育教学过程中，通过自我价值的实现，而获得的快乐体验与精神满足。一个没有幸福感、毫无积极向上心态的教师，不仅会危害到其自身的身心健康，更无法培养出具有积极心态、愿意欣赏他人的阳光学生。只有当教师在实施教育的过程中，寻找到了自我的职业幸福感，方能将教育工作作为自我人生的价值追求渠道，方能以主动而积极的心态进一步投入到教育工作中去，创造性地发挥出自我才能，使教学质量不断提高，同时更满腔热情地去关爱他人、关爱学生，关爱教育事业。从这一意义上来说，怎样让教育充分地体检到自我职业的幸福感，并进一步帮助老师成为一名引领孩子在欣赏中幸福成长的创造者，是营造欣赏教育文化氛围的重中之重。

想要让教师在欣赏教育中充分地发挥主动性，就需要建立起与教师职业幸福感相关的各种机制。详细来说，教师职业幸福感的树立会受到社会、学校、教师自身与学生等多方面因素的影响，同时也需要以上因素的良好配合：

(1) 学校愿景是否能够获得教师的认同

前面我们已经提到，学校的共同愿景是建立于全体成员个人意愿之上、又高于个人意愿的共同愿望与景象，它所反映的是学校所有成员的共同心愿，同时也是全体成员奋斗的目标。学校共同愿景是否与欣赏教育相契合，关系着教师是否能够产生追求愿景的勇气，同时将这种勇气进一步转化为发自内心的行为动力，从而进一步影响到教师的职业生存状态。在史家小学通州分校中，我们能够寻找到所有教师对于学校愿景的认可，而这种共同的认可也进一步促进了教师与学校教学、建设工作的全面平衡与密切配合。

(2) 教师间的人际关系

心理学中将人际是否和谐作为个人幸福感的关键社会支持因素，并认为，具有良好社会支持的个体也会产生较高的主观幸福感与生活满意度，同时也会拥有较多的积极情感、较低的消极情感。欣赏教育中，是否形成了教师之间良好的人际状况，将直接影响到教师的职业感受、工作积极性，甚至是学校欣赏教育文化大氛围的形成。

在一个有利于教师幸福感增长的环境中，真诚、相互信任、相互对话的人际关系氛围是其重要特征。唯有教师们在学校中感受到了平等、融洽与阳光，方能使学校组织保持持续的稳定，才能使欣赏教育的实施主体间形成强大的凝聚力。

(3) 教师评价制度

教师评价是指对个体教师的教学工作及其与之相关的一些因素，引入有效的、积极的价值标准进行具体的判断。科学而合理的评价制度将会有利于教师进行自我定位，进而做到扬长补短。这种评价制度将会对教师工作积极性起到极大的激发作用，同时也会引导教师间进行公平竞争，使教师间的合作文化具有良好的协调空间。学校中是否树立起了良好的教师评价制度，对于教师职业幸福感有着直接的影响，因为评价的结果是代表他人对教师工作的认可程度，而他人认可度的高低，则是自身工作价值是否获得了肯定的最直接体现。

(4) 学校系统学习支持

学校不仅是一个学生受教育的场合，同时也是学校为个体教师专业成长提供学习机会的场合。持续的学习力是进一步促进教师专业发展的主要途径，而教师是否能够获得充分的发展对于教师的自我实现拥有着重要的影响。通过持续的学习，教师将会增强自我驾驭工作的能力，同时更会进一步体会到成就感，获得幸福感。

(5) 师生关系

师生关系之所以会对教师的职业幸福感产生重要的影响，是因为在教育过程中，学生始终是教师工作的主要对象。学生的进步与成就、教师与学生之间的和谐关系，都是教师职业幸福感的重要来源。与以往研究多从社会、学校管理与教师自身等角度出发来提升教师幸福感的途径不同，学生对于教师的欣赏将会对教师产生更为重要的影响：教师是否能够获得学生的认可、学生是否能够主动欣赏教师，双方是否能够就这种欣赏与被欣赏形成良性的互动，都是教师幸福感的主要来源。

教师是使用爱心与责任撑起的灵魂事业，这是一项特殊的工程，需要这个群体中的每一个个体使用一生的时间、用心灵深处最柔软的感情去打造。而这种最柔软的感情是否能够打造成功，就需要看文化氛围中的教师职业幸福感机制是否能够获得有效的建立。

3. *学校教育中的欣赏*

建立起教师职业幸福感的机制只是营造欣赏教育氛围中的一点，不过，欣赏教育是一项需要耐心、需要不断确立重点、不断进行研究突破的新型教育方式，因此在推进欣赏教育的过程中，学校既要重视教师的作用，同时也要发挥学生与社会的力量，既做到有形有欣赏，同时也要重视进行无形的欣赏氛围的营造，即要重视推进课堂欣赏的主渠道，同时也要重视活动中欣赏教育的重要性。

结合本校实际，我认为，学校教育中的欣赏主要应通过大力建设欣赏文化、营造浓厚激励环境来推进，大力推进各种课外实践活动，从而为欣赏教育提供更广阔的空间。

(1) 加强欣赏教育平台的建设，进一步构建起“欣赏文化”

·使墙壁文化进一步凸显欣赏教育

欣赏教育的途径有很多，进行欣赏教育平台的搭建，进一步展示学习成果，对于营造欣赏文化非常重要。学校中的每一面墙、每一个角落都是欣赏教育的平台，都可以进一步彰显出欣赏文化。需要注意的是，欣赏墙壁文化的建设，需要学校中的每一位成员进行主动设计、主动的参与，使学校的每一面墙壁上，都能够凸显出欣赏的重要性，并能够使全体师生意识到，学校是“欣赏的沃土、成长的乐园”。

·进行欣赏新途径的不断探索

除墙壁所起到的视觉欣赏以外，还存在多种欣赏渠道。学校中可统筹制定学校的欣赏计划，如展开教师、家长欣赏教育成长俱乐部，针对学生进行优点卡、快乐成果袋、多彩校本课程等品牌举措。这种旨在形成相互欣赏、激励的氛围之中，学校成员的自信与欣赏意识也会随之生根发芽、自由成长。

·不断对欣赏的形式进行创新，使欣赏的力量始终不衰

欣赏并非简单的称赞与翘翘大拇指，长期使用单调而重复的表扬，势必会令人产生审美疲劳，而欣赏教育需要学校、教师与学生不断地进行形式上的创新，提高欣赏的艺术性，从而做到因人、因时而变，从而使欣赏的形式达到新颖、多彩，使学生、教师的心灵之弦能够获得更轻松的触动，达到以一当十的功效。

(2) 进行多彩活动的设计，使学生拥有更多表现机会。

学校是教育的场合，活动则是学校教育的主要途径。学校因为活动而充满活力，个人因活动而展现才华，学生、教师因活动而相互欣赏——通过活动对学生的兴趣、爱好进行培养，不断地发展其特长、开阔其视野，从而达到进一步激发潜能的作用。

·不断丰富活动内容，对学生潜能进行发掘，使个性特长得到充分的发展

国内一些学校多半会将活动组织交给团委、德育部等个别的部门进行负责，这种单部门的分配往往会因为人员少而造成活动展开不多、学生参与面不广。在我校，进行了学校组织机构上的创新，根据学校内所展开的各种不同的活动，分配给不同的个体进行负责，每个教师都需要参与到项目中去，进行活动计划、设计与组织的负责，从而在培养起学生欣赏能力的同时，进一步地培训学生的自我管理能力。

·大胆放手让学生组织、参与活动，为学生提供多元化成长经历

一个人的成长，必备知识是基础，应变能力是导向，多元经历是关键。欣赏教育的意义就在于，不仅仅依靠成绩来评价学生，而是通过提供各种各样的体验、经历机会，使学生有机会去发展多种多样的能力，从而使学生在获得成长多元化体验的同时，拥有平等的、受到欣赏与欣赏他人的机会，进一步使学校教育中的欣赏能够巩固化。

4. 家庭教育中的欣赏

在教育的过程中，除了学校需要积极地营造起欣赏教育氛围以外，家庭也要积极地参与这一过程。因为在孩子成长的过程中，家庭是他进入的第一所学校，而父母则是他一生中最重要、同时也是持续一生的老师。

人民教育家老舍先生在回想起自己的父母时曾经说过这样一段话：“从私塾到小学，到中学，我经历过起码有百位教师吧，其中有给我影响很大的，也有毫无影响的。但是我的真正的老师，把性格传给我的，是我的母亲。母亲并不识字，她给我的是生命的教育。”由此可见，家庭教育在个人的发展过程中所起到的重要作用。

教育是随着生命的开始而开始的，在孩子落地、到上学前，他首先接触的是家庭，家庭是他们人生中的第一所学校，而父母就是孩子的启蒙教师。可以说，家庭教育是每个人成长过程中不可或缺的重要环节，家庭是在这一过程中进行的最基本、最初步教育的社会群体，而在家庭中贯彻欣赏教育，将会起到学校与社会教育根本无法起到的奠基作用。

2010年，国家教委颁布了《全国家庭教育指导大纲》与《国家中长期教育改革发展规划纲要》，两者皆强调了要充分发挥家庭教育在儿童少年成长中的重要作用。这表示，当下国内的家庭教育需要在新的、高层次的角度上发展。

我国现阶段的家庭教育是由家长根据我国素质教育的需求，有目的地进行教育的实践活动。在欣赏教育实施的过程中，家庭作为重要的个体单元，需要对学校、教师的欣赏教育教学计划、要求，对孩子实施有目的、有计划的教育实践活动。在欣赏教育的实施过程中，家庭教育本身所具有的基础性、早期性、长期性与持久性，都会发挥其积极作用。因为众所周知，学校教育是针对孩子进行科学文化素养提高的教育，而家庭则是孩子人生观、世界观与价值观的教育，两者相比之下，后者在欣赏教育中占据了重要的部分。一个人若是没有正确的人生观、世界观与价值观，即使拥有再多的科学文化，也无法成功地欣赏他人，更有可能

会得不到他人的欣赏。

作为孩子的第一任老师，在家庭欣赏教育的实施过程中，父母需要把握恰当的欣赏方式，使孩子从校到家、从家到校都可以受到完整的、积极的欣赏教育，从而帮助孩子学会正确地欣赏与欣赏他人，而在这一过程中，家校的紧密联系也将促进父母不断地提高自身对于欣赏教育的认识程度，进一步促进欣赏教育的发展与实施。

在我校，家校沟通的具体筹划过程中，我们主要利用了以下方法，来达到促进营造适合孩子成长环境、令家庭支持学校工作、学校与家庭形成良好协作的目的：

(1) 端正教师、父母对进行家校沟通的认识

在未进行欣赏教育以前，有些教师对家校沟通抱有错误的认识：他们认为，与家长沟通，本身就是告诉家长孩子出现了什么问题，或是在孩子犯下错误时，向家长告状，请家长进行管教。虽然这种方式同样可以使家长对孩子的教育问题产生重视，但是它也很容易引发孩子与家长的反感，无法将家庭的力量融入到教育全力中去。

一些家长也无法真正地理解家校沟通，他们认为，家校沟通无非就是问问孩子具体的学习情况、身体状况，他们往往对孩子的心理健康、同伴相处、学校生活并没有足够的重视度。因为重视度不足，所以，他们在家校沟通中往往处于被动状态，认为沟通应该是学校的事情，而家庭的力量则可有可无。当孩子进入学校以后，他们便将教育的重任完全地扔给了学校。在此，很多家长无法配合学校完成教育工作，更无法主动而积极地参与到教育管理的过程中去。

针对这些问题，我校对教师与家长进行了双向的教育，从思想层面上使大家认识到家校沟通的重要性。在面对教师展开的职业技能培训过程中，我们特意针对家校沟通的内容，具体地向老师们进行了指导，使他们了解，沟通并不仅仅意味着“只报忧、不报喜”，事实上，“报喜与报忧”结合，才能使家长对孩子教育树立起积极的信心，同时更能增进家校间的沟通流畅度。对于那些不了解家校沟通重要性的家长们，我们还特意通过家长课堂、家长会、信函告知等方式，使他们充分地意识到，在孩子的成长过程中，父母与学校一同努力，方能为孩子创造出最佳的成长环境。

(2) 让家长活动以“家长会”、“家长课堂”的形式实现实质的教育参与

因为家长在动机、需求、利益与个人条件上存在着各不相同的情况，在与学

校进行沟通与合作时，他们也往往会期望参与到不同形式与层次的活动中去。事实上，家长参与学校教育活动的形式可以分为：形式上的参与、人际上的参与和管理上的参与。

为了使家长们各自在学校中找到适合自己的参与方式，我们开展了家长会、开放日、学生作品展、家长课堂、家长联系本等活动；同时，对于那些本身在教育孩子上重视度不足的家长，我们展开了积极的“人际参与”，引导与帮助同一社区、同一街道的家长们结成互助小队，帮助他们更好地了解与参与到孩子的成长过程中去；而对于那些拥有较高文化层次、本身对欣赏教育有着一定见解的家长们，我们便请他们在时间允许的情况下，参与到家校管理这一更高层次的“管理式参与”中去，最典型的“管理式参与”便是“家长代表”：在新生入校以后，便以班级为单位、由班主任主导、由家长们自己积极地选举出自己的代表，在对学校管理、老师教学有意见时，家长代表可以与学校管理层直接进行意见交流。

(3) 在实质参与的基础上，鼓励家长与学校形成双向的沟通

虽然家长会、电话联系与约见家长目前是国内最常见的家校沟通、合作的方式，但事实上，如“人际参与”、“管理式参与”一类较高层次的直接参与方式依然未能在国内普及，所以，在面对此类交流时，家长们难免会心存芥蒂。为了使交流避免形成学校单向灌输的形式，进而向着双向沟通的良好方向发展，我们进行了实质性的沟通计划。

在以学校为单位的沟通计划中，我们明确地规定了每一位老师都必须要与家长进行主动沟通的次数——每学期至少与每一位同学的家长面谈一次，同时，也向家长们指出了与老师沟通的最好方式：“当你认为自己的孩子出现了成长问题，或者你需要我们的帮助时，请尽量与我们的老师进行主动的联系。因为，孩子的成长需要我们双方协力。”这种号召虽然起到了一定的作用，但对于那些本身性格内向、不善交流的家长们并不能起到鼓励的作用，因此，每月月底，我们都会请孩子们带回家一份《孩子成长意见交换书》，里面详细地描写了孩子这个月在学校的具体表现，有哪些成就与错误，有哪些地方需要继续改进。同时，意见交换书中还针对孩子的在校表现，具体地提出了问题，以求获知家长的看法。

这种强制沟通与理性主动问询相结合的方式，不仅使我校的家校沟通拥有了一定的计划性与系统性，同时也使家长从活动中学习到了较为稳固与系统的家庭教育观念、方法与知识，使教育效果与沟通效果在时间与成效上得到双方面的强化。

(4) 对一些需要特别辅导的家长进行针对性的引导

现阶段许多学校进行家校沟通的方式，多半是在同一时间、面向全体家长进行的，这种沟通方式有其局限性，因为未能顾及到某一类学生家长或者某些特殊的个体，所以即使在沟通与家长课堂上为家长提供相应的家庭教育知识，家长们所获得的也仅仅是一些简单的技能与零碎的知识，无法从根本上形成一套相对完整的、与学校教育相配合的、正确的家庭教育观念与方法体系。

为了满足家长的个体需求，我们特意针对不同的家庭类型，开展了不同类型的家长课堂。上班族家长很可能乐于与学校沟通，但是因为工作太忙，往往很难与老师见面，针对这类家长，我们会与他们进行电子邮件沟通，并尽量将一些亲子活动安排在这些上班族家长最有可能参与的时间段里；对于那些知识文化程度不高的家长，我们则会以家教讲座的形式，针对他们各自所出现的家教问题，进行"问答式教育"，以方便解决那些除了一般家庭中普遍存在的问题以外，同时也对一些个体家庭中存在的特殊问题进行了解与解决。

通过以上措施，学校得以更深层次地挖掘家长中的教育资源，而这种多种措施相结合的方式，使父母教育孩子、老师与父母沟通的积极性极大地增加，在一定程度上，它有效地刺激了各个家庭对孩子教育的兴趣，成功地引导了各位家长自觉或不自觉地参与到了学校教育的过程中去。

5. **学生的自我欣赏与学生间相互欣赏**

其实，如果总结来看，学校、家庭、老师所起到的作用终归是外因，在孩子的成长过程中，自我与同伴所产生的巨大影响是不容忽视的。而且，在欣赏教育中所推崇的是凸显鲜明的个性差异，尊重个体、引导个体是欣赏教育的主旨所在，因此，我认为，在具体的教学活动力中，提倡"凸显学生的主体意识"，是建立起欣赏教育教学模式的关键所在。

除了通过教师、学校的欣赏，使学生获得自我价值的积极感受以外，身为教师、父母，我们还应引导学生积极地运用自己所了解、所掌握的欣赏技能，对他人、对世界进行积极的感受、认识与理解。

通过这种感受、认识与理解，学生应达到以下欣赏目标：

·愿意积极地参与欣赏，并主动地学习多角度欣赏与认识自我、他人的优势，并真正地对欣赏的意义、欣赏的途径与方法拥有一定的了解。

·逐步地提升自我视觉感受能力，掌握运用语言、文字与形体来表达自我感受与认识的基本方法，形成健康的、积极的欣赏，发展自我欣赏能力。

·逐步地扩大欣赏范围，形成崇尚欣赏、尊重世界多元文化的态度。

在学生间的自我欣赏与学生间的相互欣赏过程中，教师应注重学生的积极参与，努力地激发学生的主体精神，并不断地克服以往以教师为欣赏主体的弊端，进一步积极地探索欣赏方式的多样化。同时，对学生掌握欣赏最基本的方法进行培养，不断地提升学生的欣赏与评述能力，以此来作为评价欣赏教育效果的重要依据。

第二节 欣赏教育的主体

在了解了欣赏教育的内容之后，我们会发现，在各个小内容的过程中，皆有其特定的人群在其中：学校是欣赏育人的主导者，一线教师则是欣赏育人的具体实施者，家庭是欣赏育人的补充者，而学生则是欣赏教育中的受益者。在这些人群中，他们既是欣赏教育的实施者，同时又是欣赏教育的教育对象。下面，我们就结合史家小学通州分校的具体实施情况，来对欣赏教育的主体以及其在欣赏教育中所起到的作用进行深入的了解与解析。

1. 以校长为代表的教职工

构造欣赏育人的教育氛围过程中，以校长为代表的教职工干部在欣赏教育中所起到的作用在于，他们本身所拥有的领导力将会进一步促进欣赏教育理念与具体措施的不断提升。

干部领导力主要是指干部影响师生实现共同目标的能力，在传统的教育教学活动中，干部更多地是在遵循着管理者的角色。他们规范教学行为、评价教学效果、督促教育主体，但是在欣赏教育中，干部将会不断地从“管理者”向着“领导者”的角色转变。他们已不断地成为了学校全体师生的精神引领者、方向指引者。

鉴于此，在干部领导力方面，它更多凸显的是干部的个人人格魅力，而非干部所具有的行政权力。干部的人格魅力体现在工作、生活、与人交往等多个方面，对于教育工作的实施有着重要的影响。

在欣赏教育的建设过程中，以校长为代表的教职干部坚持从以下角度出发：

(1) 充分地发挥自我在学校文化建设中的核心作用

校长是学校的领导，是学校教育的组织者、决策者，校长个人的教育观念、价值取向，往往会对学校的办学理念、办学风格产生直接的影响，同时，在很大程度上也将影响着学校物质文化、制度文化、精神文化的创造与发展。一所学校之所以会有这样或那样的文化，与校长个人的综合素质是分不开的。而校长的出色之处就在于，将那些好的、代表性的文化发展与先进理念，进一步转化为具体的、公众认可的观念，同时督促形成学校具体的、可操作的目标。

在引领史家小学通州分校进行欣赏教育的过程中，我认为，作为学校的文化领袖，校长应起到以下三方面的作用：

·引导强化作用

唯有校长始终将欣赏教育理念不断地融入学校文化建设中，并通过制定相关的制度，进一步引导、规范师生行为符合欣赏教育的理念。

·协调作用

在欣赏教育环境的建设过程中，校长必须要将自己看作是人力资源专家，不断地动员全校上下做欣赏教育的支持者、推动者与参与者，创造出学校的共同愿景和理念。

·感召作用

唯有校长树立起了欣赏道德上的权威，进一步创造出有关欣赏教育的学术氛围，方能使全体师生受到感召，进一步提升群体构建欣赏教育环境的积极性。

在欣赏教育的实施过程中，我不断地让自己引进先进的教育理念，借鉴他人的欣赏教育先进经验，同时与我校教职干部始终努力地营造学校欣赏教育的文化氛围，在积极改善办学条件、完善欣赏教育相关措施的同时，不断地更新自我教育观念，引入更新、更系统的欣赏教育观念，以更大的热情、更多的精神去对学生、教师的情感进行熏陶，以求引导教育双方都能够形成积极的、乐观的欣赏态度。

(2) 引导个体间意见交流，促进教育绩效的提升

建设欣赏型学校的目的是进一步提升教育的高绩效，而高绩效组织的最大特点在于，一群积极而尽责的人在一起审视组织所面临的问题，并共同商议出解决问题的方法。以校长为代表的教职干部的责任，就在于促进这种个体与个体间的相互交流，在长期的、不断的意见融合中，找出那些最有利于欣赏教育实施的意见，使漫长的欣赏教育文化营造得以在一点一滴间不断地建立起来。

(3) 重视行为文化的建设，体现规范与关爱的理念

一所学校想要将自己的办学理念进一步转化为师生的自觉行为，就必须要有文化行为的具体改造与积累。失去了文化行为的改造，新的办学理念便会流于形式。此时，校长的领导与引导作用便尤其凸显了出来。

学校是教育的主要场所，而教育则是内容与形式的统一：教是形式，育是内

容，是本质，因此，学校应演绎为教育场，即“无时不有、无处不在”的良好教育氛围。而这一教育场的营造，离不开校长的领导，包括欣赏教育在内，所有的教育场的全部价值都集中体现于师生之间的相互作用、相互激励，以求彰显出浓郁的人文精神，唯有从领导层开始，提倡欣赏教育理念、坚持欣赏教育行为，方能使欣赏教育与传统学校文化不断地融合，方能促进师生之间崇高信念、文明举止的不断自律与内化，并逐步达到自我与他人、自我与集体、自我与社会的和谐与统一。

从我担任校长多年的经验来看，校长在欣赏教育的过程中，对教师的影响更是多方面的。作为学校发展的关键性人物，唯有校长在工作上坚持地贯彻欣赏教育的理念、持续保障实施欣赏教育的各种手段，方能使自己成为欣赏教育中的领路人与教师们的榜样。特别是在一个学校的欣赏教育尚未形成制度与体系时，以校长为代表的干部队伍是否能够打破传统、引入欣赏理念、坚持欣赏行为，更是关系着全校师生对于欣赏工作能否抱有积极、热情情绪的关键所在。

2. 教师职工

除去欣赏教育中的校领导所发挥的作用以外，我们发现，因为身在教育一线，教师职工所起到的作用也非常重要。身为教育措施、教育理念的主要实施者，在欣赏教育的具体实践过程中，教师仅有丰富的知识并不足以使欣赏教育正确地开展，在欣赏孩子、欣赏他人的同时，学会欣赏自我，对于教师而言，也是自我能力塑造的一个重要方面。

对于正处于快速成长期的学生而言，他们接受新知识、淘汰旧知识的速度也往往十分惊人。当一个学生将教师所教的大部分知识都遗忘时，他们依然会想起教师对知识和人生的态度。在这种态度中，就包括了教师自身的威信。

“学高为师，身正为范”，教师的威信并非因为自我担任了“教育者”的角度而理所当然地拥有威信，其威信往往来源于教师的知识、信念、思想、风范与个人尊严的实现。一个性情过度忧郁或是习惯于愤世嫉俗的教师，不仅无法成为学生成长过程中的“灵魂引导者”，反而会成为学生学习与成长过程中的障碍。因此，教育必须要学会对自我进行积极的认定，并在此基础上，学会自我确认与自我实现，并最终达到自我欣赏。

自我欣赏是个人思想的升腾，同时也是精神层面上的超越，这种自我欣赏并非自恋，更非自满，而是对自己在教育、生活过程中是非得失的合理评价，属于“三省吾身”的范畴之内。

可以说，自我欣赏包括了个人对自己怀有肯定的情绪体验，同时也是对自身力量的认识与充分的估计，而这种积极的自我评价，不仅仅是每一个教师走向成功的起点，也是新时代教育人才必备的素质。

通过对我校教师职工在欣赏教育中的具体表现，我认为，在自我欣赏的过程中，教职人员应注重以下几个方面：

(1) 通过业务钻研，对自我个性进行保护与张扬

教师的个性是自我知识、技能与素养的综合性直接表现，同时也是个人情感、人格与意趣的集中展示，教育学家乌申斯基曾经说过："所有的教育活动都应以尊重教育者的个性发展为基础，只有教育者的个性得到了充分的张扬，方能使教育者形成性格，方能进一步促进学生的个性化成长。"

个性化的教学主要体现于教学方式的个性化设计上，如何努力地挖掘教材中的特色，将自我特点、知识经验进行特性化处理、同时形成教学方式的个性化，是教职人员应追求的主要方面。比如，风趣幽默的教师，可以使幽默成为师生、师师之间形成情感交融的催化剂；擅长绘画的教师，可将教育内容图像化；习惯抒情式教学的教师，可使教学过程中的情感因素适当增多……如何实现"同课异教"、让三尺讲台成为自我个性化展示的舞台，是个人实现的自我个性张扬的重要途径，同时也是我校老师不断探索的重要教学问题之一。

(2) 提升心理素质，对自我人格魅力进行专注的培养

有研究者曾经对美国佐治亚大学36位荣获杰出教学奖的梅格斯奖得主进行过研究，发现这些优秀教师所具备的不同特征可以概括为以下几点：

·对自我工作饱含热情，拥有阳光心态；

·知道自己该教什么、该如何教以及怎样提高自我；

·善于积极创造活跃的课堂气氛；

·擅长以积极的方式与学生进行交流，并能激励学生对自我潜力进行发掘；

·教学效果理想，且不受教学材料、环境与对象变化的影响。

在国内，同样有多种经验表明，优秀教师之所以优秀，主要取决于其人格特质，而非专业技能。一个充满了人格魅力的教师本身就是一本丰富的教科书，他必须要拥有较高的思想政治素质、爱岗敬业的职业道德素质与健康稳定的心理素质及从容稳定的外在素质，方能在欣赏教育的实施过程中，做到全身心的付出与爱护每一个学生，并最终创设出师生互动、共同发展的良好教学关系。在这方面，如何根据个人的人格特质，进一步提优去劣地发展成个人魅力，是每一个教

职人员都应做到的自我欣赏步骤。

(3) 接受他人的影响，将欣赏带入现实生活

教师是现实生活中活生生的人，正常人的生活往往会受到他人的影响，如何让他人的能力与优秀之处，成为自我修养、职业技能提升的突破口，是教职人员应进行考虑的另一主要方面。

教育者在进行业务钻研时，既要敢于对自我独特个性进行保存与张扬，同时又要把他人的先进经验进一步融入自我教学过程中，在强调开发、创新与求异的发展功能时，不否认求同、承继性的“守成”功能。一方面，勇于发表自我的独特见解，另一方面，也要以自我知识、技能为基础，来吸取他人的先进经验，不断地欣赏身边的优秀同仁，向他们学习，并在学习中获得自我能力的提升。当然，这种学习不是刻意的模仿，而是自身的内化与创新。在具体的工作实践中，将他人的优点与自己的长处做到完美的结合，方能达到接受他人影响的最佳境界。

教职人员必须要意识到，教育职业本身是一件既平凡又伟大的职业，它在培养学生的过程中，往往会促进自我的进一步成长。成长必会遭遇坎坷，现实工作中，每一个人都会经历挫折与失败，面对他人的优秀、自己的缺陷时，如何做到不自惭形秽，而是在认可他人的同时、欣赏自己、注意到自己身上的平凡之美，是每一个教职人员都应了解的自我欣赏真相。

3. 家长

我们已经了解了家庭在孩子成长过程中的重要性，而且，众多的教育实践也令我们明白，在影响学生心理健康与成长质量的众多因素中，家庭环境与父母的教育方式是最重要的。但是，多半家长对于欣赏教育的了解仅限于皮毛，而且他们在实施欣赏的过程中，也多半会仅仅将欣赏局限于口头的赞扬。但事实上，这种欣赏方式明显于学生的成长不利。

(1) 对自我欣赏方式进一步科学化

教师情感生活的核心是热爱学生，而爱学生的第一个表现就是欣赏。从某种意义上说，一个不会欣赏学生的教师永远不可能成为优秀教师。教师只有真诚地欣赏学生，面对学生时才会产生亲切感，形成自身的愉快心境和良好的教学情感，激起学生情感上的共鸣。而这种欣赏学生的情感不光是直接让学生感受到这一种方式，也可以让家长感受到自己的孩子被老师欣赏。这样家长也会因孩子被人欣赏而感到自豪，也会感到被人关爱的温暖与幸福，从而积极配合教师对孩子的教育工作。在此基础上教师的教育活动才能得以顺利进行，并达到最好的教育

效果。

在与家长进行交流时，教师应针对家庭教育方式，与家长展开交流，使家长们认识到对于孩子的成长起到关键作用的心理有两种：外驱力与内驱力。外驱力来自于环境，内驱力则源于孩子内心深处的需求。

在孩子的成长过程中，他们会树立起自己的价值观，并进一步形成自己追求的目标，而外在压力则会剥夺孩子自身的能动性，使孩子在人生的旅途上成为一名乘客，而不是司机。另外，教师也应引导家长认识到孩子成长中的个性因素，使其意识到，每一个孩子都是一个独立的个体，而那种为孩子树立榜样、一味拿孩子与他人进行比较的行为，只会让他人产生挫败感，对孩子自信心的培养极为不利。

因此，在家庭教育中，教师应引导家长建立起这样的养育目标“让孩子成为更好的他自己”，并不断地教育孩子学习他人的长处，更正自己的短处。在家庭生活中，家长也应经常性地反问自己，“在教养孩子的过程中，我有哪些行为有利于孩子的成长？哪些行为于孩子的成长不利？”

小雪的父母从小对她进行欣赏教育，“你真棒”被深深地刻在了小雪的骨子里。小雪也一直认为自己是最棒的，无论是学习、绘画、钢琴还是唱歌。她身上洋溢着的自信常常使同学甚至老师都有些嫉妒。初中后，小雪来到一所重点中学读书，在那里，小雪猛然发现，自己不再优秀，比自己强的人多得是。这让好强的小雪失落不已。

有一次，小雪参加学校竞赛，考了个倒数第几名。回到家后，妈妈对她说：“尽管你考得不理想，妈妈还是觉得你很棒！”是啊，不论什么孩子，在父母眼中都是最棒的，妈妈其实想安慰她。“虚伪！骗子！”那一天，小雪和妈妈大吵了一顿。

看到这里，也许有些家长可能有些困惑：究竟应不应该对孩子进行欣赏教育呢？

答案是肯定的。

不过欣赏教育并不是一味地表扬孩子，甚至孩子表现不理想时也说“真棒”。欣赏教育是需要技巧的。欣赏教育最大的奥秘就在于时时、处处、事事在心灵深处坚信孩子“行”，承认差异，允许错误和失败。如果我们成人总是随口说“挺好”、“太漂亮了”、“你真乖”，这些话就不会在孩子心灵上产生震动，有的则会盲目自信。对待优秀的孩子常会出现这样的现象。

有益的欣赏应该是这样的：成人用赞赏的语气描述他所看到的或者感受到的，孩子听到这样的描述后也能够欣赏自己。

如：孩子在外面玩耍，家长喊他回家，孩子立刻就会来了。这时候家长可以说："尽管你很想玩，但是我一叫你，你就回家了，我觉得很高兴。"

如：孩子自己独立穿衣服了，家长可以说："你穿裤子和鞋子的速度真快。"

如：孩子把自己画的画给家长看，家长说："有这么多漂亮的颜色，红的，绿的，黄的，紫的。"

上面几个例子家长将自己看到的描述出来，使孩子知道自己哪些方面得到了家长的欣赏。真正看到孩子好的行为，去体验并且详细描述出来，比只说上一句"真不错"要困难得多，但是只有这样具体的去欣赏孩子，才能使孩子了解和认可他们的能力，从而树立正确的欣赏价值观。

也许有的妈妈说，我实在找不出他有什么可以表扬的地方。确实，孩子上了学后，望子成龙的家长开始了攀比，不承认差异、不允许失败，怀疑孩子不行，总爱拿自己的孩子和别的孩子比。有的家长甚至信奉一个"打"字，或者一个"罚"字，或者一个"奖"字，从而走入了教育的误区：想让孩子聪明，老说孩子笨；想让孩子快，老说孩子慢；想让孩子守纪律，老说孩子顽皮……总是揪住孩子的缺点不放，小题大做，无限夸张，让负面情绪成恶性循环，让孩子在"我不行"、"我是坏孩子"的心态中归于失败。

欣赏教育要求我们，如果为孩子的某个问题行为感到烦恼，先想想与之相反的良好行为是什么，只要孩子出现了这个良好行为，只要孩子有了些许进步，就值得表扬，表扬并非一定要孩子表现得很完美或者做的和别的孩子一样才能给予表扬。如：一个总是违抗妈妈要求的孩子，当妈妈让他帮忙把灯打开时，他马上去做了，就可以给予欣赏："谢谢你，这样屋子里就亮堂堂的了。"鲁迅先生说过："一滴水用放大镜来看，也是一个大世界。"同样，在教养孩子的过程中，放大一个小小的优点，就有可能激发起孩子更大的前进决心。

欣赏教育并不是教育的全部，欣赏教育是生活在孩子周围的每一个成年人对待孩子的教育态度。欣赏需要真诚，而不是迎合；欣赏需要内容，而不是空洞；欣赏需要事实，而不是凭空。孩子的成长道路并不是一帆风顺的，难免会遇到挫折，面对挫折的态度会对孩子今后的发展起着重要的作用，尤其是一些优秀生。因此当孩子遇到挫折后，家长要帮助孩子分析原因，并和他一起找到解决问题的办法，千万不能盲目欣赏，或一味指责别人。在欣赏孩子的同时，也要帮助孩子学会欣赏。学会了欣赏，就是学会了鉴别，学会了批判，学会了改变，学会了创造。学会了欣赏的孩子，更能承受挫折，更能坦然地面对困难和失败。

另一方面，欣赏又是渗透情感教育的金钥匙。学生的成长，离不开老师和家长的共同教育。其中家庭教育，在一定程度上可以说比学校教育更重要。特别是学生的个性品质和行为习惯的养成，那几乎是家庭教育的必然结果。所以教育教学中，仅靠自己的力量是远远不够的，一定要依靠家长的帮助，彼此的配合。欣赏教育，能够促进家校有效沟通，使教师和家长在情感的交流中，达到相互之间的信任和尊重，从而形成强大的教育合力，延展学校教育的效果。

与此同时，我发现，在意识层面上的认识并不足以让家长融入到欣赏教育的具体实践过程中去，因此，在家校合作的过程中，教师还应鼓励家长积极地去参与到由学校、社会所组建的家长成长协会与俱乐部中，以求更系统、更全面地进行科学教育知识的学习。

(2) 帮助家长树立起自我欣赏意识

许多家长会认为，欣赏是孩子的事情，只要做到赞扬孩子，自己便完成了欣赏教育。可现实是：不懂得欣赏自己的父母多半无法培养起自信的孩子。因此，父母对自我的欣赏在家庭欣赏教育中也占据了极为重要的位置。

我记得自己在担任一线教师时，班上一位名叫张×的女孩非常自卑。在平日里，她极少与同学一起玩耍，而且在上学时，她的穿着也多半是极为朴素的着装。起初，在与张×进行交流时，我并不清楚她的这种自卑源于何处。直到有一次家长会上，我看到她的母亲，才知道这个脆弱的小女孩完全是因为家庭的原因，才会对自己产生了不自信的感觉。

张×的父母都是劳动人民，她的父亲经常辗转于各个建筑工地，做一些零碎活计；而她的母亲则是一名普通的马路清洁工。当我在家长会结束之后，请张×的母亲留下来时，这位朴实的女人竟然有些惶恐了。她不停地问，是不是张×在学校里犯了什么错。直到我安慰她说，她的女儿在学校里表现非常好，她才心安了下来。

在与她交流的过程中，我发现，她总是认为自己一家人生活得这么贫寒，没有给女儿提供更好的经济支柱，是他们未尽到做父母的责任。而且，她还总是告诉女儿，不要在学校里面提起父母的职业，生怕这会成为女儿被人看不起的理由。至此，我才了解到，为什么学习成绩不错的张×会如此自卑。

之后，我从侧面告诉张×的妈妈，她与她丈夫的工作并不低贱，而且，他们还应该为自己的工作而骄傲，正是因为有他们这样的人默默地付出，我们的城市才会变得越来越美丽。虽然当时她有所触动，不过我想，这番谈话一定会起到一定的作用。

随后，我在班级上举办了一次“为父母而骄傲”的主题班会，并借这一机会，告诉同学们，工作没有高低贵贱之分，所有的劳动者都是值得我们去尊重的。我特地指出，普通的清洁工、建筑工人、设计人员……这些职业都是在为了让我们的城市变得更美丽而存在的。在讲到这些时，我看到张×的眼睛里闪耀着特殊的光芒。

此次的班会之后，张×在班上明显变得乐观与积极了起来。也正是因为她与她的家庭的启示，让我感觉到，家庭对于孩子所产生的影响是如此巨大，而让家长树立起对自我进行欣赏的意识，在孩子的成长过程中也变得如此重要而迫切。

不过，我们也需要注意到，因为家长已是成年人，所以，教师在进行自我欣赏技巧的传授过程中，也不需要太过于直接与生硬，而是最好让父母们明白，积极的环境将对孩子产生极大的促进作用。在面对那些明显自信度不足的家长时，教师最好找出原因，针对性地进行交流，并明确地告诉对方：他的态度有可能会影响到孩子。同时，学校也可展开各种不同类型的亲子活动，如计算机比赛、妈妈小手工、亲子运动会等，使每一位家长都能够参与其中、展示自我长处，并使孩子们意识到，他们的父母也是拥有着出色之处的，从而使父母建立起自我欣赏意识、孩子升起骄傲之情。

(3) 家庭时光优先

父母多半会担心自己的孩子会落于他人之后，所以，一个刚上小学一年级的孩子的日程很可能比他的父母还要满，美术班、形体班、音乐班……在如此紧凑的日程表中，孩子变成了课程的奴隶，父母成为了孩子的奴隶。我们不能说，幸福而充实的家庭时光要比有益的学习更加重要，但是，家庭时光应该优先得到保证——过于沉重的学习负担会让孩子厌恶学校、厌恶学习，更有可能进一步影响到亲子关系。

在我们学校为家长设置的家长交流博客中，我们发现，为孩子选择爱好、让孩子参与各类辅导班的现象极为常见。一位家长就曾经给我留言，诉说了这样一件让他苦恼不已的事情：

李老师，我的孩子如今已经是一名小学五年级的学生了，在过去，我一直采用了“放养式”的教育，因此，孩子的学习成绩也总是在班级中的中等徘徊。但是，随着“小升初”的日子越来越近，我很担心孩子会败在起跑线上。您也知道，想要读好的大学，就必须要读一所好的中学。所以，我在孩子刚进入五年级时，开始给孩子补课。

最近，我一口气给孩子报了作文、英语、数学三个补习班，同时还让孩子学习了小提琴、绘画两种不同的艺术课。因为这样，孩子在未来升学的几率会更大一些。现在，儿子每天都在家与补习学校、学校三点之间不断地奔波着。

原以为，在经过了一轮的补习之后，孩子的成绩会有所提高。谁知道，在最近的几次测试里，孩子的成绩不但没有提高，反而下降了很多。为此，我也被老师约去谈了几次，老师反映说，儿子在上课时总是在打瞌睡，一脸的疲惫，而他的作业也多半敷衍了事。

其实，孩子的这些情况我在家中已经有所感觉了，因为学习过于疲劳，从前爱笑、爱与我和他妈妈说话的儿子已经变得沉默寡言。每一次我们提起，让他参加补习班都是为他好时，他的脸上都是不屑的表情。这让我和他妈妈心痛不已。现在，我真是后悔，给孩子报了太多的补习班，导致他现在对学习没有了兴趣，而我们之间的关系也变得这么糟糕。

老实说，我的心里其实也很矛盾，我也知道，孩子在这个年龄应该快乐地成长。但是，看到别的孩子一直在参与这补习、那补习的，我的心里着急，担心自己的孩子会被远远地甩在后面。李校长，您说，我该怎么办呢？难道我真的做错了吗？

其实，望子成龙、望女成凤是所有家长的期望，我们很难说这些强迫孩子们去参加补习班的家长们做错了，但是，这种“强迫”式的学习对于孩子的成长所起到的负面作用显然更大。在给这位家长的回信中，我的建议是，还给孩子自由的学习时间，并有针对性地根据孩子的爱好、弱科进行适当的补习；同时，让自己多陪伴孩子，增进与孩子之间的感情。良好的亲子关系是欣赏教育实施的感情基础，同时也是孩子更顺利成长的关键性因素。

在学校里，我也经常会将这一经验向其他老师传授：教师在与那些“望子成龙”心切的家长交流时，应巧妙地暗示对方，家庭时光对于孩子成长的重要性。若有必要的话，可以建议家长根据孩子在学校中表现出来的缺点、家长本身所具有的长处，设计出一些家庭亲子活动，并将它坚持下去。具体做什么不重要，只要能够促进沟通与情感联络，比如，针对文学知识差的孩子，每日讲一些小故事给他听；动手能力差的孩子，每天陪他做一些小手工……这些活动应该是孩子感兴趣的、父母与孩子皆能从中获得快乐的。在这一过程中，家长会有更多的机会对孩子实施欣赏教育，而孩子也会因此而更热爱家庭时光。

应该说，世界上不存在完美的父母，但是，在任何家庭中，父母都应该找到让孩子满意并尊重的方式。帮助父母认识到自我家庭的优势，同时在这种家庭优势中，不断地发掘、培养孩子的长处，是教师、父母共同协作之下，献给孩子的最好礼物之一。

4. **学生**

在欣赏教育中成长起来的孩子，不仅善于发现他人的优点，同时还懂得以他人之长、弥补自我不足，不断地超越自我、不断地从成功中获得幸福与快乐。懂得欣赏的孩子，还可以与同学实现友好而和谐的相处，因为每个人都期望获得他人的欣赏，而这种期望事实上就是期望获得他人对自己的认可。所以，引导学生在欣赏自我的同时，去不断地欣赏他人也极有必要。

在引导孩子们进行彼此欣赏这方面，我校周铁双老师的教育方式明显更具有值得借鉴的地方：

我班的小佳，是个非常可爱的小女孩儿，然而不知为什么，其他孩子总是不跟她玩儿，甚而欺负她，眼看着小佳一天比一天情绪低落，我想了许多办法都不见效，一时间有些束手无策。

孩子们的欺负开始变本加厉。在一次孩子们往小佳的衣服上吐口水之后，我的灵感突然不期而至。

等其他孩子不在教室的时候，我找到了两个欺负小佳最厉害的孩子，只提了一个问题：你们觉得小佳怎么样？两个孩子争先恐后：

"她有时候不完成作业"。"她上课不会听讲"。"她上课有时候随便说话"。……在两个孩子眼中，小佳似乎一无是处。

我说："这是你们看到的，那老师也来说说老师看到的吧。小佳以前从来不写作业，现在几乎都写了；小佳以前从来不听课；现在有时候会听课了；小佳上了一年级这么久，一次小报告也没打过……"

两个孩子面面相觑，似乎没想到我会这样说。我又问："你们能想想，小佳还有其他的优点吗?"

"她总是笑着"。"她从来不撒谎"。"她从来不会在楼道和教室里大喊大叫。"

两个孩子一口气说出了小佳的七八个优点，此时，她们对于小佳的偏见似乎也消失了。

我又趁机说："这样好的同学，咱们班有的人却总是欺负她，你们觉得，他们这样做对吗？应该怎样做呢？”

在这一问之下，两个孩子都表示：这样做不对，应该团结同学。当天下午，小佳就兴高采烈地跟我说，有人跟她玩了。第二天我又在班会上重复了之前的步骤，小佳一下子由被欺负的小孩，变成了大家都争抢的好朋友。事情就这样圆满地解决了。

后来一次和小佳妈妈打电话时我才知道，在最严重的时候，他们甚至想给孩子转学，而孩子更是宁可生病都不愿意来学校。这使我震惊。是我的失职，没有及时认识到事情的严重性，使孩子经历了一段痛苦的心理历程。也是我的幸运，让孩子最终走出阴影，又恢复成那个美丽活泼的小天使。

每一个孩子都是一个天使，尽管他们有时候做的事情并不是那么美好。在这件事中，其实我所做的，只是教会孩子们去欣赏其他同学的优点，扫除偏见。

周轶双老师的欣赏使小佳恢复成那个美丽活泼的小天使，也使其他孩子们恢复成善良的小天使们。欣赏的范围不仅仅是教师对学生，欣赏的作用也不仅仅是改变学生的成绩，欣赏是一种心态，是一种让孩子们可以彼此看到彼此优点的引导。而这种由心深入、恰当而贴近现实的欣赏方式，正是我们在欣赏过程中最应该大力提倡的。

在引导学生之间进行相互欣赏时，教师需要从以下方面入手：

(1) 教育孩子展开自我欣赏

一个连自我欣赏能力都没有的孩子，是无法学会欣赏他人的。在日常教学过程中，教师应不断地引导学生去发现自我优点，并举办各种活动，激发起学生们想要表现自己、展示自己的想法与欲望。

(2) 引导学生欣赏他人

在活动过程中，教师还应引导学生将自我欣赏内容公布于众，让其他学生倾听与评价。同时请孩子们根据自我的表现，对他人所表现出来的长处、优势进行阐述。这种简单的阐述往往会让学生发现同学身上与自己不同的地方，从而更好地使欣赏活动得以进行。

(3) 引导学生之间进行相互欣赏

同伴的认可对于孩子们来说具有极为重要的意义，而且同伴间的鼓励往往要比老师的表扬更加具有说服力。平日里，教师应该尽力让孩子们结成小组，并不断地引导小组成员之间进行相互的欣赏。组与组之间形成良好的欣赏氛围，以求增强孩子的欣赏兴趣。

第三章 欣赏教育的基本原则与策略

与其他科学性教育方法一样，欣赏教育同样具有一定的原则与策略，这些原则与策略并非从根本上指出为人师者“能做什么、不能做什么”，而是给出了在进行具体操作时应遵循与应避免的一些基本问题。或许认识到这些问题并不能让你的教育方法在瞬间获得多大的成就，但是它们却能让你明白，自己的教育方式与最科学的欣赏教育有多大的距离。

第一节 六个原则

与其他教育方式一样，欣赏教育在实施的过程中，也需要依托于一定的原则，这些原则可以让我们在整个教育过程中，做到有效教育、恰当管理。欣赏教育的基本原则包括以下六大原则：

1. 以生为本

当代学生生活在一个充满了生机、活力与激烈竞争的社会背景下，他们的个人思想意识与思维方法明显地透露出了二重性。一方面，他们拥有理想、抱负，积极进取，思维敏感，求知欲强、渴望独立；另一方面，他们也富于幻想，对事物的期望值过高。因而，面对来自于社会、家庭与学校等各个方面的冲击，特别是面对来自于学习、考试、名次、升学与分数等压力，学生往往会表现出不同的性格缺陷，诸如固执、依赖性强、思想波动大、感情用事，自控能力过差，做事缺乏足够的信心与责任感，看问题过于片面等。

因此，在成长的过程，他们往往有种本能的烦恼，他们对于警察式、监工式与保姆式的教育、教养方式比较反感，对于空洞的、抽象的说教极为厌倦，他们渴望尊重、理解与友谊，并期望在宽松的环境中自由地翱翔，愉快地学习。

针对学生们的这些特征与心理需求，欣赏教育必须要建立于“以生为本”的基础上，以富有人情味的欣赏教育去理解、指导与尊重学生，对学生成长过程中的每一个进步都应予以积极的赏识，方能激励其求知欲与上进心，从而达到教育本身所有的预期目的，切忌不可过分生硬地强制学生去做这样或那样的事情。

另外，教育是一项面向全体的活动，因此欣赏也要面向全体，让每个学生都要有机会获得成功的心理体验。在探究性学习中，我们经常会见到这样的情景：甲生没做对某个动作或没有正确说出掌握某种技能的方法，立刻换乙生，乙生仍没答满意，再指名丙、丁……直到有了满意答案。老师问大家："这位同学找出的方法好吗?"大家说："好!"老师肯定高兴地说："这个方法真好!大家鼓掌表扬他!"于是，学生中响起了一阵掌声。这时被表扬的学生自然高兴，因为他是师生公认的成功者。而其他没答对或答案不令人满意的学生就成了失败者，他们此时的心理感受如何就不言而喻了。教师无意识的举动和言语，使他们的探究热情受到打击。久而久之，他们就不乐意探究了。我们换一种处理方法，学生心理感受就不同了。在汇报探究结果时，甲生的答案不理想，老师说："你真能干，能靠自己的力量，自行找出方法，真不错，希望你继续努力!那还有没有不同的方法?"此时的甲不是一个失败者，而是一位成功者，接着老师请乙生答，乙生答对了，紧接着的汇报中，老师对每位回答问题的学生都给予了及时肯定和评价，并问："刚才同学们示范了许多方法，这些方法都很好，请大家为自己获得的成功给予掌声鼓励吧!"在这里，回答问题的学生都得到了欣赏，体验了成功。当然，欣赏学生，并不是对学生的探究过程和结论不加管理和指导，而是先肯定学生这种探究的行为和意识是对的，再指正探究结果的错误，让他们及时更正。这样既不伤害学生的自尊心，又让他们乐于继续探究，获得更大的成功。

同时，成人应注意创造出宽松的育人环境，对学生成长中的不足进行承认，然后以服务学生长远、可持续发展为目的，帮助学生健康成长，培养起正确的人生态度，从而激发起学生自尊、自爱、自强的心理，并积极而主动地奋斗，取得成功。

2. 以纲为本

作为教育方式的一种，欣赏教育的顺利实施与展开需要有一定的依据与指导，而这种指导便是相关的国家教育纲要与《课程标准》。

近年来，我国教育改革发展的核心内容已经转为了育人为本，促进公平与提高质量成为了教育改革发展的两大重要任务，优先发展与改革创新是实现重点任务的两大重要保证，而在2010年，国家教育部发布了教育工作20字方针："优先发展、育人为本、改革创新、促进公平、提高质量"。

在具体的欣赏教育实施工作中，我们需要根据这一方针，结合学习教育大纲、工作指南，进一步促进欣赏教育的科学性、可实践性。

在20字工作方针的指导下，我们可以看到：

(1) 优先发展教育是党与国家共同提出、并长期坚持的一项重大教育方针，各级教育机构应将优先发展教育作为贯彻科学发展观的一项基本法度，以切实优先安排教育发展、优先保障教育投入、优先满足教育与人力开发需要、充分调动起全社会关心与支持教育为主，并尽快地形成科学而规范的制度。

(2) 以生为本是我国教育工作的根本要求。人力资源是我国经济社会发展的第一资源，教育是开发人力资源的主要途径，而欣赏教育也唯有做到以学生为主体、以教师为主导，才能不断地发挥学生的主动性，将促进学生健康成长当成学校一切工作的出发点与落脚点。

(3) 想要教育发展，就必须要进行改革，欣赏教育也需要担任起改革的重任，增强教育机构的活力与大环境约束之间的矛盾，使“分数”与“素质”之间找到平衡，并促进人才多样化发展。

(4) 国家基本教育政策就是公平，而教育公平又是社会公平的重要基础，教育公平的关键在于机会公平，其基本要求是保障公民依法享有受教育的权利，因此学校欣赏教育的重点也应在于促进义务教育均衡发展与扶持困难群体，不断地对有限的教育资源进行合理的配置，以进一步加快缩小教育差距。

(5) 提升教育质量本身就是教育改革发展的核心任务，欣赏教育也应以提高教育质量为核心，注重教育的内涵发展，建立起以提高教育质量为导向的管理机制与工作机制，将教育资源集中到强化教育环境、进一步提升教育质量上来，使欣赏教育可以在最大限度上发挥其先进性与积极性。

3. 相宜原则

作为深化素质教育的有效举措之一，如今的欣赏教育早已被全社会所接受，而欣赏教育的推行，的确为教育注入了鲜活的东西。不少长期被灌输教育与分数教育所压抑的孩子因此而获得了新生，找回了自信，增强了主动发展、自主发展的动力，他们的确在欣赏教育中受益匪浅，而欣赏教育因此也更值得肯定。然而，学生的素质、心理、年龄甚至于性格都是因人而异的，他们受社会环境、社区环境、家庭成长环境与生理、心理因素的制约，形成了不同的性格。既然学生的素质、性格并不一致，我们又怎样能在实施教育时搞一刀切、进行欣赏教育的全面实施呢?

自开学以来，我校推行欣赏教育模式。在老师的教育教学工作领域中就如何用欣赏的眼光去教育学生、评价学生、影响学生研究比较多，诸如：你真棒、你真行、你真了不起……取得了可喜的成效。而不知大家有无注意到，怎样让学生学会自我欣赏，如我真不错、我真厉害、我一定能够做到等诸如此类的教育却相对较少。假如我们的学生转到了没开展欣赏教育的学校学习，那将怎么办？不是有句行话——“教是为了不教”，德育需要内化，欣赏教育也同样如此。我认为：我们的欣赏教育如能更多地考虑如何教会学生形成自我欣赏、自我陶醉这种持久的内在的自信心，那就会成为学生自发的原动力，从而终生受益。这就要求我们更深层地挖掘欣赏教育之真谛，而决不停留于“嗨 嗨 嗨 你真棒”等外部欣赏上。

苏霍姆林斯基在《给教师的建议》中谈道“学习上的成就这个概念本身就是一种相对的东西：对一个学生来说，‘五分’是成就的标志，而对另一个学生来说，‘三分’就是了不起的成就……教学和教育的技巧和艺术就在于，要使每一个儿童的力量和可能性发挥出来，使他享受到脑力劳动中的成功的乐趣。”因此，如何教会学生认识自我，确定自我的发展方向和应达到的学习目标，是每一个老师必须做到的。一个水平较低的学生，一堂课内能做3道题，你就让他做3道，每堂课都能完成学习任务，尝试到一次又一次的成功，他将会变得越来越有自信。一个水平较高的学生，一堂课里能完成5道题，你同样让他完成3道题，他会半堂课完成，觉得目标太低，提不起学习兴趣。相反一个一堂课只能完成3道题的学生你让他完成5道题，每堂课都完成不了学习任务，久而久之，他会认为自己太无能。在一堂课内能设置不同层次学生的多种目标，引导学生实现适合自己的学习目标，将会使不同学生都能享受成就，这是一种内化了的欣赏教育。

另外，在课堂或课外的一些活动中，多创设学生自我欣赏、自我陶醉的情景。如让学生写一篇《我的自画像》的文章，充分剖析自己，挖掘自己的长处以便更全面地了解自己，增强自信心；开展一次“夸自己”的活动，让全班同学都来一次自我夸奖、自我赞赏。还可以提供一些有挑战性的尝试，让学生敢于跟老师、父母、同学比试，一步一步实现自己的目标，虽然有些目标不太容易实现，但通过一段时间的努力，实现了某一目标的时候，将会对其自信心产生巨大的影响。

我校张老师在进行品德与生活课的教学时，很多学生都对他说：“薛××是我们班的笨蛋，大家都不喜欢他。”面对此情况，张老师并没有置之不理，而是很自然地对低着头的薛××说：“薛××你能帮助老师把窗帘拉上吗？”他做了，于是张老师把他请到了前面对同学们说：“薛××帮助大家拉上了窗帘，我们应该怎么做?”这时有些同学就自主地鼓掌称谢！老师在当时偷偷留意薛××的表情，发现这个一向“冷酷”的孩子天真地笑了。过了一会，老师再次以薛××上课专心听讲为由表扬鼓励他。从此之后，他找回了自信，课堂上也积极了许多。

我觉得，这种做法就是欣赏教育的成功之处，教会学生学会欣赏他人与自我欣赏是最主要的。而想要达到这一目的，老师就必须要拥有一颗童心，做孩子的知心伙伴。

欣赏教育最终的目的是，通过欣赏，帮助学生养成独立思维的习惯与方法，这一方法论在每个孩子身上实施都会产生不同的效果，而孩子在接受教育时，其思维方式也有不同，这便意味着，成人在实施欣赏教育的时候，或者在为孩子提供学习欣赏能力的机会时，都应进行好好的甄别，应根据孩子本身所具备的优势、特点与个体在不同年龄阶段所表现出来的不同认知心理，来进行区别性的、因人而异的教育方式。唯有如此，方能使欣赏教育效果最大化。

4. **辩证原则**

一味地赞赏与批评都不能算是完整的教育，不管实施何种教育方式，我们都应坚持唯物辩证论。矛盾本身就具有矛盾性，即矛盾着的事物及其每一个不同的角度、侧面都各有其特点。作为欣赏教育的对象——学生，他们本身就是一个个不同的矛盾体。因此，在对待学生时，如果在任何时间、任何地点都坚持使用“欣赏教育”，那肯定是不如人意、甚至是适得其反的。唯有全面地看待学生，做到赏识有度、严格有方，方能培养出具有健全人格的学生。

在辩证论中指出，事物本身所包含的、既对立又统一的关系被称为矛盾，而欣赏教育中的赞扬与批评就是矛盾的两个方面，相对的，每一个孩子都会有其优秀之处，也会存在相对的缺点与劣势，他们共同存在于教育教学的整个过程中，同时，也对我们的教育产生着重要影响。

有些教师简单地将欣赏教育与“表扬”画上等号，但事实上，欣赏教育的原则在于，根据孩子的优势表现，进行优秀行为的正强化，同时，对孩子所表现出来的缺陷进行积极的纠正，从而达到孩子规避问题、全面成长的目的。

我校老师邱伟娟既是一位母亲，同时也是一位优秀的教师。她对欣赏教育中的辩证原则有着更深的体验。

假期中，学习了许多有关欣赏教育的文章。通过学习我进一步了解了欣赏教育的特点、优势以及基本方法。在大量的案例中体会着“欣赏”在教育教学中的巨大作用。从老一代教育家陶行知的“四块糖果”的故事到南京的周弘老师把自己的聋哑女儿培养成研究生的真实案例，都让我看到了“欣赏，真的是孩子们不断追求成功的金钥匙。”

在学习中，我也在不断地思考，“欣赏”真的就是一剂灵丹妙药，包治百病吗?

“一夸到底”真的就一定会取得良好的教育教学效果吗？其实不是。欣赏教育并不排斥批评，只不过不管是欣赏还是批评都要有一些小小的技巧，都要考虑到孩子的心理，还要兼顾他的公平性及广泛性。

前几天和女儿一起参加了一次英语公开课。他们班中有一个小男孩，很有语言天赋，在课堂活动中表现相当出色。老师的每一个问题他都抢先回答，反应快，回答的声音洪亮，准确无误，每次都得到老师的表扬。整节课上老师表扬的三分之二都给了他。渐渐地他对老师的表扬、激励失去了兴趣，开始出怪声，扰乱教学。再看看其他孩子，一节课上也得不到老师的多少关注，变得索然无味，年龄小的孩子甚至开始走神儿……

回来后我一直在思考。“欣赏”最突出的作用是增强孩子的自信心，对于自信心不足的孩子来说更是大有益处，会很大程度地促进他们自信心的发展。但是，有些孩子受本身的心理及学习成就的影响自信心一直很强，面对这样的孩子如果我们还是孤注一掷地无限表扬，可能会造成他们“自我膨胀，目中无人”，还有可能影响集体中其他孩子的发展。“欣赏教育”应该是将欣赏公平的给予更多的孩子，让每一个孩子都能从学习活动中体验快乐，得到欣赏。这节课上如果老师能正确引导，让这个出色的小男孩把发言机会留给同伴，或者借助于他的优势去帮助更多的孩子，就会使他积聚的能量得到释放，还能够让他体会到助人的快乐，形成良好的道德品质，因此，在教学中，我们一定要注意欣赏的公平，千万不可以只欣赏部分学生，而忽视了另外一部分。

因此，在对待学生身上的闪光点时，我们需要进行表扬，但是，一旦发现孩子身上存在缺点、坏习惯，教师、家长也应进行及时的批评、指正，而不能视而不见。因此，课堂上发现违纪现象进行提醒与批评；对孩子的不正当行为进行严格的教育，都属于对欣赏教育的良好补充。

5. **全过程原则**

学校欣赏育人环境应该是：校长及管理人员以欣赏的眼光看教职员工；教职员工以欣赏的眼光看校长及管理人员和学生；学生以尊重的态度对待老师的“人人会欣赏、人人来欣赏”的学校大环境，它是一种以积极的心态来对待人和事的宽松和谐的环境，同时也是促进欣赏教育全过程的重要保障。

在我校的欣赏教育过程中，采取以下措施，保障了欣赏教育的全面发展与推进：

(1) 欣赏理念走进管理中

通过以校长为代表的学校干部职工推进，再加上一系列的欣赏教育制度的推进，使学校的欣赏教育管理进一步实现了有效、科学与民主。

(2) 欣赏教育走入教师心中

多方面、多举措、多途径的教师成长与师德建设活动，使全体教师树立起了科学的欣赏教育观，同时也使其在欣赏教育的过程中实现了自我提升，进一步促进了师生、师校关系之间的和谐。

(3) 欣赏理念走进课堂

课堂是欣赏教育实施的主阵地，同时，也是教师、学生之间相互欣赏的重要场合。我校在进行欣赏理念入课堂的过程中，要求欣赏教育的实施要做到以下几个方面，即：校领导要坚持每月听课，听课后组织进行评课，学校领导与教师共同参与到教育、教学活动中去。这些举措不仅有效地促进了课堂活动的有效性，同时也使教师与学生共同获得了激励。

(4) 欣赏理念走入活动中

到目前为止，我校举办了“读书节”、“亲子比赛”等多种活动，这些活动皆秉承了教师、学生人人参与的原则，使每一个人都有展示自我的机会。同时，教师还需要在这些活动举行之前，积极地调动家长，协助学生积极参与，以求使每个活动上，都能让所有的学生、教师一展风采。

(5) 欣赏理念走进家庭

我校通过学生家长座谈、讲座，使家长逐步地了解了欣赏教育的实质，同时，鼓励家长根据孩子的表现，进行适时而恰当的表扬，重要的是，鼓励家长为孩子创造出温馨而和睦的家庭氛围，使孩子们在轻松、愉快的家庭中快乐地成长。

在深入家庭、帮助父母了解、运用欣赏教育理念方面，代颖老师做得非常出色：

我是一名数学教师，工作中不仅会遇到各种各样的学生，也会遇上各有特点的家长。班里有一个学生，纪律问题最严重，作业也写得乱七八糟。几次打电话与家长联系都不起作用。这一次我实在是太生气了，又一次拨通了他家的电话。

“喂，你好！是奇奇的妈妈吗？”

"你是哪位?"

"我是奇奇的老师。"

"噢，他怎么了。"

"我想和您谈谈您儿子的问题。他上课不专心听讲，一直在玩，还往学生身上扔东西，影响其他同学听课。最近家庭作业也写得很乱而且错误百出……"我说了一大堆孩子不好的话。

"噢，你知道吗？他在家也是这样的，我在家也管不好他，他不听我的话，最听老师的话，那就请老师在学校管管他吧。"

"嘟……"家长把电话挂了。

我放下电话，心里想：孩子是你的，自己不管却把教育孩子的事全都推给老师，太不像话了。就这一次，以后我再也不主动和你联系了。

几天以后我静下心来仔细想想，我的这些话有些欠考虑。有哪个家长喜欢听老师如此批评自己的孩子呢。家长肯定会想："既然孩子这么差，索性破罐子破摔，任由他发展吧。"于是我又拨通了电话，这一次，我试着用另一种沟通方式与她交流。

"喂，是奇奇的妈妈吗?"

"是，他又干什么了?"

"我打电话是想告诉您，您的孩子最近学习非常认真，上课也举手发言了。"

"真的?"

"是的，我今天表扬了他，他非常高兴。"

"是真的吗？他真的没有惹麻烦吗?"

"噢，没有。他有这样的进步，我们都感到很高兴。我们保持联系吧。"

"好的，再见!"

第二天，奇奇的妈妈突然打来了电话说："代老师，昨天奇奇回到家就写作业，而且写得很认真，数字有一点写得不规范都要擦了重新写。我问他今天怎么写得这样好，他说：今天代老师在课上表扬我了，说我只要再认真些就会写得更好，我今天一定要写好，明天让代老师看看我进步了没有。我真没想到孩子会有这样大的进步，我一定会继续鼓励孩子，使他进步得更快。谢谢您，让您多费心了。"

听了奇奇妈妈说的话，我的心里真是乐开了花。这是一个极大的转变，以前她根本不关心孩子的学习，自从听到孩子的良好的表现之后，她也开始用心去教育儿子了。

从那以后，奇奇的进步越来越大，比以前自信了。奇奇的妈妈也比以前开朗了，不但对孩子充满了信心，对自己的教育也充满了信心，她开始愿意和老师交流孩子的情况，还经常给我打电话，我们会一起探讨对孩子的教育问题。奇奇也说："我越来越喜欢上数学课了。以前，我觉得数学很难，总也学不会，现在我知道了，只要肯动脑筋，就没有解决不了的问题。"

本学期开学的第一天，奇奇拿着一本暑假作业交给我。我一看，不是我发的。原来，是奇奇的妈妈为他专门出的题。这些题都是上学期奇奇经常出错的题目和一些口算练习题。每一页上都有妈妈为奇奇批改过的痕迹、本次作业的成绩和妈妈的亲笔签名。我拿着厚厚的作业本，看着奇奇脸上充满自信的笑容对奇奇说："你真棒，奇奇长大了，不要忘了谢谢妈妈！"

教师一句微不足道的称赞，都会让家长感到高兴，直至影响对待孩子的态度。这在一定程度上强化了孩子继续努力的心理，同时也能让家长轻松、自信、愉快地面对教师，主动向教师提出孩子目前存在的一些不足，期望得到教师的指点与帮助。教师和家长的共同目标都是教育好孩子，所以教师应该让每一位家长都感受到教师的关注和重视。

(6) 欣赏理念走入社会大众

学校需要认识到这样的事实：学生不仅仅在学校与家庭中接受教育，他们更要走向社会、学习社会知识，适应社会生活。在实施欣赏教育的过程中，我们必须要让学生走向社会，去真正地参与到社会生活中去，并让他们在学习、体验与服务中感受到："我有能力，我也可以把事情做好。"从而锻炼起孩子们走向社会的勇气，培养起他们坚强的意志与品质。

面向全体、全员参与、全过程进行的欣赏教育需要时时、处处、人人、事事皆以"欣赏"的态度来教育学生，而这一原则的实现，无疑需要所有人的共同努力。

6. **可持续原则**

欣赏教育的最终目的始终是为了培养学生积极、健康的学习与生活品质，培养起学生良好的生存习惯，而这一切，都是为了使学生获得可持续发展。因此，从教育思想上来看，想要让欣赏教育获得可持续发展，就必须要使学生在德、智、体各个方面全面发展，同时促进本机构的可持续发展，以求达到教育对象与教育机构的同时发展。

(1) 积极推进基础设施建设

基础设施建设是可持发展的保障，学校必须要借助于各种发展机会，积极地争取各种项目资金，对学校办学条件进行改善，使学生的可持续发展获得良好的环境与设备保证。

(2) 推进教育专业化发展

学校的可持续发展建立于人的可持续发展之上，而人的可持续发展，不仅仅包括学生，同时也包括了教师的发展。因此，在实施欣赏教育的过程中，学校应积极地将自身的办学理念、思想转化为教育的自学行为，不断地促进教师的发展，通过各种培训、评比，使教师的教育观念与科学的欣赏教育相靠拢，使教师向反思型、科研型不断地靠拢，引导教师构建起新型的师生关系，树立起教育为学生可持续发展服务的观念。

(3) 积极推进教育质量建设工程

教育，质量是本，更是学校的生命线，在实施欣赏教育的过程中，个体应构建起自主、合作探究的学习模式，创设出民主、平等与和谐的课堂氛围，使学生的学习效率进一步获得提高，使学生的合作精神、自主学习习惯得以充分的养成，从而推动教育质量的不断上升，令教育可持续发展得以实现。

(4) 不断分析与解决教育过程中出现的问题

想要培养出全面可持续发展的个体，便必须使整个教育系统的教育思想基本点立足于支持可持续发展之上。在教育内容、教育措施与具体的教育举动上，教师与学校都必须要使科学教育与欣赏教育结合在一起，认识到欣赏教育过程中所发现、所遇到的一些现实性、普遍性问题，同时对这些问题进行全面的分析，以求在下一阶段的教育教学过程中，可以全面地避免此类问题的出现。

第二节 九项策略——把握“九要九不要”

有原则便必然会有策略，正确的策略是教育措施顺利实施的关键，更是教育过程成功进行的要点。正确的欣赏教育除了要依托于六大原则实施以外，还需要在教育过程中，注意九项基本策略，这九项基本策略包括了“九要九不要”。

1. 要深入，不要流于表面

随口的夸奖并不会对孩子起到积极的鼓励作用，同时还有可能让孩子产生“老师在敷衍我”的想法。在欣赏孩子时，成人应必须对学生们的行为尽可能进行深入地了解，表扬应具有针对性，最好涉及相关的细节，而不是空泛而谈。若是统统使用如“你回答得真不错”、“你做得真棒”一类缺乏深度的评价词，而不讲究实效、不区别优缺点，那么，欣赏的质量便无法得到保证。因为被表扬的学生与其他同学都不明白，到底好在哪里？因而，这种表扬对于学生的成长并不能产生指导与鼓励的作用，久而久之，学生便只会认为老师在走形式而已。

欣赏学生什么？如何去欣赏？怎样做到欣赏？作为教师，在平时的教学中，在与学生的相处中，注意挖掘和发现每个孩子身上的闪光点，并且及时地给予表扬和鼓励，让他们树立自信，提高学习的兴趣，让每个孩子在老师的欣赏中爱学、乐学，从而“亲其师，信其道”，使教育起到事半功倍的效果，这固然是欣赏的内容，但却并非欣赏的全部。

一般看来，教师欣赏的主要是学生的聪明、智慧，学生优异的成绩、高尚的品质等。其实，欣赏教育不应仅止于此。教师应该有一双“慧眼”，善于发现每一位学生身上的闪光点，即使是在各方面表现不那么优秀的学生，也一样可以挖掘值得欣赏赞美的地方。欣赏学生，不仅要欣赏学生的进步、创造性，还要欣赏学生的个性差异和见解。只要教师敞开胸襟，“捧着一颗心来，不带半根草去”，就一定会发现学生中有许多值得我们欣赏的东西。

教师如何欣赏学生呢？有一篇文章说的非常好。首先，要找准欣赏点。教师要像勘测员发掘深山里的金子一样，全方位发掘学生最有价值的、最值得欣赏的某一方面或多方面的闪光点。如学习、品德、个头、体魄、性格、神态、动作、语言、环境、衣着等诸方面都可以作为教师的欣赏点。其次，把握欣赏的时机，教师要善于随时捕捉学生的闪光点，及时进行欣赏激励，好钢用在刀刃上。再次，选用最佳欣赏方式，对不同学生的闪光点，在不同情况、不同环境下，教师要采用灵活多样的方式，因人而异进行欣赏激励，如语言、微笑、神态、动作、奖品等都可以表达教师对学生的欣赏之情，关键是欣赏要得体自然，能建立学生的自信心，激励学生不断努力进步。最后，学会真诚地欣赏每一个学生。教师要善于把欣赏的爱心洒向每一个学生，并且教师对学生的欣赏评价必须来自于内心的体验与感受，真诚地欣赏。

在教育教学中我们教师怎样做到欣赏学生呢？著名教育家苏霍姆林斯基说过：“教育，首先是关怀备至地、深思熟虑地、小心翼翼地去触及年轻的心灵。”爱默生也曾说过：“教育成功的秘密在于尊重学生。”可见，教师只有了解学生，尊重学生，再真诚地欣赏学生，才能成为他们心目中的良师益友。“每个孩子都是一个世界——一个完全特殊的，独一无二的世界。”我们应细心地探索每个孩子的世界，审时度势，掌握火候，做到一把钥匙开一把锁。

因此，教师应对表扬进一步深入化，如表扬学生的作业优秀时，应指出到底好在哪里、哪个细节做得不错、哪一题的回答非常到位，值得别人去学习与借鉴。在欣赏教育的实施过程中，教师的赞美越是深入、越是细节化，学生对于哪些是好的行为便会越清楚，而其正强化的可能性便会越大。

2. 要适度，不要过度夸大

赞美并不是包治百病的灵丹妙药，随着欣赏教育的不断深入，片面进行欣赏教育的缺陷也在明显地凸现出来：学生只愿意听好话，而不愿意听取任何的批评，更经不起一丁点的挫折。

那种只将赞扬局限于“聪明”、“出色”范围内的欣赏方式，只是在对孩子值得欣赏的行为进行过度的夸大。如果学生有一点的进步，老师就赞扬：“你真聪明!”被过多夸奖的学生，就会形成这样的错觉：某件事情做好了，获得了成功，应归功于自己的“聪明”，而一旦某件事情做错了，结果是失败，他们也会反思：是不是我不聪明了？这样的过度夸奖不仅会让学生形成误解，而且还会使孩子对欣赏教育形成偏见：任何事情都是只许成功，而不能失败的。一旦失败，孩子便会垂头丧气，经不起挫折。

现在课堂上一些内容空洞、言不由衷的鼓励大行其道。教师夸奖学生的话语如泉水一样汩汩冒出，什么“你太棒了”、“你真聪明”、“你太伟大了”之类的话真是俯拾皆是。即使学生回答了极简单的问题，也给予这样过于”隆重”的夸奖，但“太棒了”棒在哪?是动作漂亮还是讲解清楚。“你真聪明”又表现在什么地方?是思路清晰还是思考全面。这些鼓励的词语名义上是进行欣赏教育、鼓励教育，可实际上这种缺乏深层次指导的表扬，学生都听腻了，也表现了教师的虚伪，根本就起不到任何激励作用。长此以往，学生听不进去一点另类声音，受不了一点挫折，怎能适应未来的发展。其实，欣赏教育在探究性学习中不是一味地、无原则的表扬，而是通过欣赏，帮助孩子了解自己，让孩子看到自己的能力，树立信心。

在欣赏孩子的过程中，教师必须要明确一点：当学生出现了我们所期望的行为时，我们应针对其行为进行表扬，而不应含糊其辞地对其整个人进行以偏概全地表扬。比如，“你这样做，就证明你是个好孩子。”“你真听话。”“老师就知道你能行。”此类表扬就属于含糊表扬。

在这方面，陈奎芳老师的做法便有颇多值得借鉴之处：

在我班上，杜××算是个非常调皮的一个孩子，言谈举止非常随便，没有一点约束。因此，他的纪律表现得相当不好。每次课间，总能听到老师们向我告状：杜××课堂上又随便说话，杜××听讲最不认真等。也有学生不停的反映他：老师，杜××又在打××了；老师，杜××早读不认真，午休又说话等。就这样，每当听到他的名字，我的头都大了，每天，我都要找他谈话不止一次。可每次他走出我的办公室之后，调皮依旧。怎样改变他呢？一次班会给了我启示：

今天，学校在升旗仪式上表彰了假期作业书写优秀的学生，我利用下午的班会将这几名学生的喜报发给了他们。当他看到别人获得喜报时，眼里露出羡慕的神情。这时，我也一下想到了，何不就此改变一下教育方法，让他发扬优点，改正缺点。

于是，我精心设计了各类漂亮、精美的喜报，有“学习进步的”，有“纪律进步的”，有“回答问题进步的” ……并在班会时对全班学生说：“只要你哪方面表现好，老师就会将印好的喜报发给你。”班会结束后，我又单独找到他，对他说：“杜××，你的字越来越好，作业进步也很大，这些老师都看到了。我认为你也可以获得认真书写的喜报。老师已经给你写好了，就等下次班会课时发给你。但是我告诉你，如果你能管住自己，你还能获得纪律进步的喜报，那样我会更替你高兴的。你有信心获得吗?”杜鹏非常激动，不住地点着头。果然，那几天，他在课上课下的纪律有了明显的进步。一天放学时，我看到了杜鹏的妈妈，她告诉我：“杜鹏获得喜报后太兴奋了，并且一再表示一定能得到纪律进步的喜报。这几天，他在家表现得也非常好了。谢谢老师给予了他自信的火花。”值得高兴的是，现在杜鹏已经获得了纪律进步的喜报。虽然有时还会犯些小错误，但经过提醒后，也能有意识的改正了。

实践证明，在老师针对性、个性化的欣赏中，每一位学生在高兴、激动之余，都会加倍的努力，都会不断的进步。

对于孩子、特别是低学龄孩子而言，他们是无法分清个人行为与个人形象之间的区别的，他们的心理发展水平往往处于“我不说谎，我就是好孩子”的阶段，但实际上“好孩子”并不仅仅是“不说谎”，而是多方面、多种习惯的综合优秀。若是你在孩子出现了某一优势或是做对了某件事情时，对其进行全面或是含糊的表扬，他会理解成自己什么都可以，这样就可以理解为什么很多孩子在受到了某些表扬之后，出现“翘尾巴”的原因。

捷克教育家夸美纽斯在很久以前就指出：“应当像尊敬上帝一样地尊敬孩

子。”人的精神生命中最本质的需要就是渴望得到欣赏，在体育课的探究性学习中应用欣赏教育手段，可以激励学生参与体育教学活动探究，培养他们的创新精神，使学生找准了自己的定位，发挥出自己最大的潜能。欣赏教育是促使每个学生体验成功和勇于探索的最佳途径。

学生在经过了努力之后，其成绩提高了，教师就应对其经过努力、获得成绩提升这件事情进行赞扬，因为赞扬他努力，而让他知道受赞扬是因为自己努力了，他便会在接下来的学习活动中继续坚持努力。因此，准确地对孩子的行为进行表扬，避免以偏概全、含糊表扬，是欣赏教育过程最基本的要求。

3. **要个性化，不要一刀切**

由于人的遗传、社会环境、家庭等原因，人的身体发育和智力发育是有差异的，自然就有“后进生”和“优秀生”的区别。同一个问题对不同的学生来说，回答时存在差异是必然的。一个较简单的探究活动，“后进生”的探究过程及结果都符合要求，教师就应多表扬，或送一张优点卡，或奖一面笑脸章。但对“优秀生”来说，教师的一个赞许的目光，或一声“很好”就可以了。而对一个怯懦学生能主动参与和探究，首先应肯定“你真勇敢!”对于在探究活动中有创新的学生，他们更喜欢“你真棒!”“这个办法真好!…“这个动作设计真漂亮!”等评语。

我校教师王欢曾经向我讲过这样一件事情：

提起李××，我眼前就会立刻出现那歪七扭八、毫无章法的字迹。我曾手把手耐心地教他怎样把横写平，把竖写直，把字写端正，当时的效果还是不错，虽然不是太美观，但是还算清楚。可是过后，只要没人在旁辅导、监督，他的字迹又恢复原样。我觉得他不是写不好，是学习态度不够认真。于是，我又对他采用了强制的措施，只要他写不清楚，我就要求他擦掉重写。可是每次他都磨磨蹭蹭地耗时间，总共也写不了几个字，直到放学不得不让他回家。怎样才能激发他的内部动机，让他对书写重视起来呢？我实在有些挠头。

直到寒假过后，有一天，我打开了他的寒假作业，突然眼前一亮，我发现有个别字的折笔处有些许的顿笔，于是我就拿着作业走到他的身边，亲切地询问他：“李××，你是不是练字了？你看，你这几个字还写出了顿笔呢。”我指着作业本中的几个字，用欣赏的眼光看着他，李××不好意思地点点头。然后，我把他周围的小伙伴也叫过来，让他们来观看作业。我说：“你们看李××的字是不是有进步了？”小伙伴们你一言我一语的，都夸他有进步。李××的脸上出现了从未有过的自信。后来，我每发现他的一点点进步，就表扬他，并鼓励他向更高的目标努力。还常让他的小伙伴帮他找优点，让家长也鼓励他。就这样，他在大家的美好期望中有了飞速的进步，他的字不仅清楚，而且越来越美观了。后来他自己都常说："现在我要是把字写乱了，怎么就觉得不舒服呢?"

通过以上案例，我反思了自己的教育方法，对于像李××这样学习缺乏内动力的孩子，只靠外部辅导和严格要求是远远不够的，因为这些并不是他真正需要的，所以开始时效果很不好。根据马斯洛的需要层次理论，李××所需要的是第四层尊重的需要和第五层自我实现的需要，后来我综合采用了三种方法恰恰满足了他的内在需要，效果就非常显著了。这三种方法是：

一是细心地观察。作为老师真要有一双慧眼才行，学生的点滴进步都要收入眼底，做到心中有数。就像李××他那几个有顿笔的字一样，假如不小心被忽略了，一次好的教育契机不是就白白流失了吗? 从学生的角度讲，当他感到自己的微小进步都能被老师和同学发现、认可，他就会觉得自己的努力不会白费，是值得的，他的"被尊重的需要"得到了满足。

二是热诚的评价。发现学生的进步后及时进行正面评价，而且要让与他亲近的人也了解他的进步，加入到评价中，因为一个人最在意的是与自己关系亲近的人的评价。当发现李××的进步后，我不是"孤军奋战"，而是马上发动小伙伴、家长来了解他的进步，从而鼓励他。这样他得到了亲近的人的认可，"被尊重的需要"得到了充分的满足。为了追求这份满足，他势必会继续努力。

三是持久的关注。根据低年级学生的年龄、心理特点，如果想让他在某方面提高，就要一直关注他，将欣赏进行到底，直到他达到目标，形成习惯。为了让李××养成认真书写的习惯，我随时关注着他的进步，及时与他交流，并且不断地与他一起制定新的目标，直到他"自己写不好字都觉得不舒服"，能真正为满足"自我实现的需要"而努力为止。

这种个性化的欣赏教育方式，便是我们最推崇的。因为符合了孩子们的成长规律与个性，所以它往往能够发挥出更大的作用。当然，除了王老师所提出的个性化欣赏教育观点以外，我个人认为，欣赏教育的个性化需要在深入了解学生、研究学生、正确地把握学生个性差异的基础上，有针对性地开展教育，从而做到因人而异、有的放矢：

·教育所面对的基本劳动对象是每个孩子独特的个性品质与内心世界。因此，教育的前提必须是对每一个孩子的独特内心世界进行认识与了解的，对每一个孩子的独特个性的尊重与信任。

·各个年龄段的孩子在心理、行为与情感等诸多方面皆存在不同的特点，即使是在同一年龄层面，学生的个体也会因为成长环境的不同而存在不同的特点。欣赏教育应考虑到学生的年龄特征，从学生的实际情况出发，注意每个孩子的个性特点，做到取长补短，长善救失。

·欣赏教育应根据审美化的原则，根据学生的个性特征，实现内容与方法上的恰当改造，使教育更贴近学生的生活世界，从而更好地引导他们的个人行为，营造出最佳的欣赏教育环境。

4. 要持续，不要间断

在故事《只有你欣赏我》中，我们可以清晰地看到持续的欣赏教育所产生的积极力量。故事的内容是这样的：第一次参加家长会，幼儿园的老师说："你的儿子有多动症，在板凳上连三分钟都坐不了，你最好带他去医院看一看。"回家的路上，儿子问她老师都说了些什么，她鼻子一酸，差点流下泪来。因为全班30位小朋友，唯有他表现最差；唯有对他，老师表现出不屑。然而她还是告诉她的儿子："老师表扬你了，说宝宝原来在板凳上坐不了一分钟，现在能坐三分钟了。其他的妈妈都非常羡慕妈妈，因为全班只有宝宝进步了。"那天晚上，她儿子破天荒吃了两碗米饭，并且没让她喂。

儿子上小学了。家长会上，老师说："全班50名同学，这次数学考试，你儿子排第40名，我们怀疑他智力上有些障碍，您最好能带他去医院查一查。"回去的路上，她流下了泪。然而，当她回到家里，却对坐在桌前的儿子说："老师对你充满信心。他说了，你并不是个笨孩子，只要能细心些，会超过你的同桌，这次你的同桌排在21名。"说这话时，她发现，儿子黯淡的眼神一下子充满了光，沮丧的脸也一下子舒展开来。她甚至发现，儿子温顺得让她吃惊，好像长大了许多。第二天上学时，起得比平时都要早。

孩子上了初中，又一次家长会。她坐在儿子的座位上，等着老师点她儿子的名字，因为每次家长会，她儿子的名字在差生的行列中总是被点到。然而，这次却出乎她的预料，直到结束，都没听到。她有些不习惯。临别，去问老师，老师告诉她："按你儿子现在的成绩，考重点高中有点危险。"她怀着惊喜的心情走出校门，此时她发现儿子在等她。路上她扶着儿子的肩，心里有一种说不出的甜蜜，她告诉儿子："班主任对你非常满意，他说了，只要你努力，很有希望考上重点高中。"

儿子高中毕业了，第一批大学录取通知书下达时，学校打电话让她儿子到学校去一趟。她有一种预感，她儿子被清华录取了，因为在报考时，她给儿子说过，她相信他能考取这所学校。儿子从学校回来，把一封印有清华大学招生办公室的特快专递交到她的手，突然转身跑到自己的房间里大哭起来。边哭边说："妈妈，我知道我不是个聪明的孩子，可是，这个世界上只有你能欣赏我……"这时，她悲喜交加，再也按捺不住十几年来凝聚在心中的泪水，任它打在手中的信封上。

这是一个极为感人的故事，如果我们静静地想一想就会发现，能让一个并不聪明的孩子考上了清华大学，欣赏教育的作用功不可没。

当下教育环境中，功利式教育依然拥有极大的认可与拥护者，而欣赏教育在这种环境之下，也极有可能进一步演变成"消防"应急式的教育方式，从而导致欣赏教育失去其启迪人生、启发潜能的长期效用，表现出教育手段的功利性。这种应急式的欣赏教育管理，因为其欣赏行为的短期与功利性，所以，其效果也不可能具有可持续性与长效性，而这种教育方式往往会造成欣赏教育"两张皮"的现象出现：表面欣赏，但其实质依然是传统教育中的"崇优贬差"式教育。因此，欣赏教育是否能够持续下去，是其效果能否深入人心、素质教育目标是否能够顺利达到的关键所在。另一方面，欣赏教育的持续性需要学校、社会、家庭与教师多方努力，以不同形式的活动、制度来保障其可实践性。

5. *要自然，不要显露痕迹*

现在的孩子心理成熟期早已大大提前，若是欣赏教育的火候掌握得不好，那么，其效果并不会太好。欣赏应以自然的形式，体现于真情流露上，过于矫揉造作的教育方式，只会让孩子感觉自己受到了愚弄，而其内心也不会对此类欣赏行为表示出认可。这种自然应表现于对学生的长处进行赞赏，给学生充足的成长时间与空间、而不是一味地讨好孩子，以各种过于夸张的言辞、行为来表示自己对孩子的认可。

表扬是欣赏教育最常用的一种手段，但表扬也要讲究艺术，要根据不同孩子的不同心理选择恰当的表扬方法。一种表扬方法用一两次也许管用，但经常使用，孩子会产生审美疲劳，不买账。因此要经常变换表扬方式。

我校霍丽娟老师的班上，就曾经发生过这样一件变换欣赏方法、自然融入欣赏教育的案例。

班上的李某在上课的时候不能集中精神听课，一节课总是在做小动作，课上一提醒他，马上坐得很好，两只黑黑的眼睛忽闪忽闪地盯着你，一脸很可爱的，不好意思的样子。可没一会儿，他就又坚持不住了。一会做这,一会做那,弄得同桌的学习都无法静心听课。总提醒他吧，耽误上课的时间，分散其他孩子的注意力；不提醒他吧，一节课小家伙就学不到什么东西，也觉得他影响正常的上课，我都为他头疼。都说赞美是照在人心灵上的阳光，只要他坐好了，我就尽量表扬，希望他能在赞美中坚持住。开始他很乐意响应，同时也能激励到其他同学，可坚持的时间都不长，长此以往效果就不明显了。怎么办呢?

后来，一次课堂上，看到他坐好的样子，我忽然灵机一动，说：“看，李某坐得多好！老师把他的名字写在黑板上，我们一起选他做小标兵，好吗?”学生齐读“李某”三遍后，“骄傲、自豪”两词已写在李某的脸上，只见那张笑脸像初春绽开的第一朵小花——娇艳、可爱！同学们很是羡慕，纷纷向他投去赞赏、羡慕的目光。他之后直到下课也没再用老师提醒一次。而我又及时抓住这一契机，说：“看谁坐得好、听得认真，老师就把他的名字写在黑板上，让小朋友们一起来向他学习，好吗?”“好!”充满表现欲的孩子们激情高昂，此时，他们的积极性完全被调动起来了，个个笔直坐好、神情专注，师生配合特别默契，我每写一个名字，全班就齐读三遍，那个被读名字的学生心中充满了无比自豪感，小胸脯挺得更高了，显得更加认真了。教学内容和“光荣榜”的穿插进行，使得课堂的学习气氛十分活跃，一节课很快结束了，我也很顺利地完成了教学任务。只见黑板上整齐有序地排满了学生的名字，随之出现的是张张可爱、甜美的笑脸，就像那迎风绽放的朵朵鲜花！

一节数学课，不但改善了一个孩子的听讲情况，更改善了整个课堂纪律和气氛，真是一举两得。如何调动学生的积极性，重在灵活把握。因此，我们在课堂教学中，要做个有心人，不断探索，不断总结，朝着调动学生积极性的目标努力，这样就可以有效提高课堂教学效率。

这种变换方法、以不同的夸奖来赢得孩子称赞的方式，便是自然的欣赏。自然的欣赏不是让成人充当“啦啦队”，没完没了地赞美夸奖孩子，而是要让孩子感受到你的关心与关注。这种关注源自于内心，同时更是自然感情与真实内心的流露，或许这种关注在当下并不会产生多大的作用，但是持之以恒，欣赏教育的目的自会达成。

6. 要辩证，不要唯心

欣赏的另一层含义在于，“认识到别人的才能或作品的价值，并进行重视与赞扬”。由此可知，欣赏应是有条件的、有标准的。那种不顾实际情况、一味地夸大、无中生有的做法，没有任何的科学依据，是一种唯心主义的做法，这种做法很容易让孩子造成错觉，反而对孩子的成长不利。

我校老师范华佳的班上曾经发生过一件这样的事情：

我们班黄某患有秽语抽动症（这是多动症的一种），平时难有安静的时候，打人、骂人更是常事。他学习缺乏主动性和积极性，上课精神不集中，从不积极主动回答问题，还常常和老师唱反调，写作业潦草拖拉，影响了班内正常教学，经常受到老师的批评。家长也对他伤透了脑筋，打、骂都用遍了，却收效甚微。经过一段时间的观察，我发现他的逆反心理已经形成，受批评惯了，把批评当成家常便饭，无任何效果，如果继续运用批评的方法对待他，必然收效甚微。因而，我决定以“表扬”来激起他的上进心。

一次在写课堂作业时，我发现黄某的字比原来写的有进步了，于是我在评作业时当着全班同学的面表扬了他，并奖给他五朵小红花。当听到这一消息时，我看到他的身子明显一动，侧坐的身子坐正了，眼睛中闪烁着不相信。我接着说：“黄某自己和自己比有进步，相信下次作业在写得规范的同时还能加快速度。”这时我发现黄某的脸上露出了兴奋的神情，高兴得直用手捂着嘴乐。果然，下次的作业黄某写得速度快了。下课后还主动来到我身边说：“老师，怎么不多留点作业啊，我还没写够呢！”“你想多写，没问题，那下次你先把字写工整再说，行吗？”我又给他提出了新的要求。

“没问题”，黄某爽快地说。

就这样黄某连续几次课堂作业都写得很好，潦草拖拉的现象少了，而且通过及时地表扬、激励使他尝到成功的喜悦，这在一定程度上增强了他学习的主动性、积极性，使他对语文产生了兴趣,课堂上也老实了许多，还能主动发言了。但我知道这还不够，我要帮他找到继续坚持下去的动力。于是，我拨通了黄某爸爸的电话。

他爸爸接了电话第一反应就是：孩子又在学校里闯祸了。没想到我会告诉他：黄某最近表现有进步，特别是课堂作业完成得好，字也写得工整多了。最让我欣慰的是，我从他的表现中能够感觉到，他已经想要改掉自己身上的坏习惯，努力学习了，我们要鼓励他，帮助他……我能够感觉到电话的另一头，一位父亲有多么快乐。而这种快乐也必定会传递给他的儿子，会带给他积极进取的动力和信心。因为，当学生听到老师在爸爸妈妈的面前表扬自己时，他们的心中洋溢着的快乐是无法用语言来表达的。我相信，这也正是学生最渴望的。我们的教育必须使学生拥有希望。

在以后的教学中，我总是注意捕捉他的闪光点和长处，多对他进行表扬和鼓励，让他相信自己能成功，进而不断地自我完善。现在，黄灿已经能按时完成作业了，课堂听讲也有了明显的进步，虽然有时还会有些反复，但我相信，他会越变越好的!

俗话说："好话一句三春暖，恶语伤人六月寒。"一句真诚的表扬会给人力量，给人信心，催人奋进。学生敏感而脆弱，需要表扬，哪怕只是一句简单的称赞，也会给他们带来莫大的影响，起着意想不到的作用。但另一方面，没有一定的评价标准，失去了明确的教育指向，一味的欣赏与表扬，那表扬就会演变成为一种"精神鸦片"，而现实世界永远不可能持续提供给学生这种"欣赏"鸦片。赞扬与批评是欣赏教育的双翼，只有赞扬而没有批评的教育是不负责任的教育——至少，它是一种不完整的教育。必要的批评，对于学生的健康成长，是学生走向成功的催化剂与推进器。

而另一方面，多数学生都会知道，在犯下错误的时候会受到批评，所以，在心理上他们也会做好接受批评的准备。对学生进行辩证式的批评，是符合孩子心理需求的。所以，成人不应从自我想法出发，而是应在欣赏教育的实践过程中，辩证地使用欣赏教育，使优有所赏、劣有其罚。

7. **要现实，不要与社会脱节**

不管是教师还是家长都应清楚，欣赏教育作为一种教育方式，它所强调的是在尊重客观现实、与社会进行良好联系的基础上，对人的尊重与良好教育环境的营造与心理环境的调节，从而激发起孩子内在的学习、前进动力，从而让学习者始终保持在愉悦、和谐的状态之下。

脱离了现实的欣赏在学生的眼中便会成为对他的愚弄。他不会相信，即使他相信了这种欣赏模式，在到了社会上之后，他也无法受到他人的欣赏，心中期望的一切与现实存在巨大差距的前提之下，他自然会难以适应与承受。

众所周知，赏识教育的提倡者周弘老师培养了教育界的奇迹——留美博士生周婷婷（从小失聪的女儿）的故事。通过赏识，让一个原本可能无法正常融入社会的女孩成为了一位杰出的人士，这种立足于现实的成功教育，值得我们每一个人去探究。

再想想自己，作为一个老师，教育的是一个个聪明可爱的健康儿童。为什么还会有这样那样的问题。有时觉得力不从心，也有时觉得自己已经那么尽力去做了，却收效甚微，甚至适得其反。开始我往往把问题归咎于班级本身太差等外界条件。可是想到周弘老师的困难，我的又算什么呢？于是我开始思考，是不是我的教育方法出了什么问题，周弘老师可以那么成功，至少说明她的教育肯定有过人之处，于是我也开始上网搜集了有关欣赏教育的知识看了起来。当我静下来品读时，一些老师的教育让我拍案叫绝，下面与大家分享一下。

通过网上学习，最先让我明白的一点是，方法不是最主要的，而态度注定一切，如果永远对孩子保有希望，那么他一定会成为一个好孩子。家长教育孩子，也应该努力找到他们的闪光点，“忽视”缺点。而这里的忽视，并不是真正意义的忽视，而是希望家长夸大赞赏优点和长处，让孩子觉得自己是个好孩子，再用他内在的“好孩子”的驱动力来改掉缺点，其实，忽视恰恰是在重视。

有时，一个孩子真的很差劲，甚至真的找不到他的闪光点，就像周弘老师的女儿周婷婷，三岁了还不会说一句话。试想，如果周弘老师当时一味的打骂、指责、嘲笑，从此不再教她说话，那么还会有今天的留美博士生吗？同样，虽然这个孩子的优点很少，如果你真的放弃去寻找，只是一味地批评他的缺点，指责他的错误，总有一天，他仅有的优点也会慢慢地变成缺点，最终变成一个真正的坏孩子。

周老师的这种教育思路哪里来呢？其实是从最简单地教孩子学说话、学走路开始的。奥妙就在于父母在教孩子说第一句话时，从来不会因为孩子久久不开口而打骂、指责，而是耐心地，一遍一遍地重复教，等到孩子开口说第一句话时，父母又会毫不吝啬翘起大拇指，即使孩子说得很不好，父母还是会又亲又抱。这样的赞赏，这种爱的教育方式，力量是无穷无尽的。

所以，身为教师和家长，我们应为每个孩子翘起大拇指，而少用食指去指责他们。对每个孩子都努力去找他们的闪光点，把他们所犯的错误都当做教育的最佳契机，而且要把它看作是未来成功的花苞，用这种“花苞心态”去对待孩子的每一次错误。

欣赏教育就是要发掘孩子的天赋，关注孩子的优点和长处——充分肯定，不断强化。逐步形成燎原之势，让孩子在“我是好孩子”的心态中觉醒。欣赏教育是一种让孩子热爱生命，热爱时代，热爱大自然的教育。

说说容易做做难，希望每一位老师、父母在面对孩子的错误，屡教不改的缺点时，都先冷静下来，把它们看作是未来优点和希望的“花苞”，相信他们，总有一天，你种下的“花苞”会是满山最绚丽的那一朵。

另一方面，我们不应将欣赏教育片面地认为只能且仅能使用正强化的方式，来使孩子拥有良好的表现，或是在其信心不足时进行表扬与鼓励，而是应该充分地认识到欣赏教育中不仅可以存在批评，而且应该积极地运用批评。这种批评行为的意义在于，它会使学生意识到，他们的哪些行为是错误的，哪些行为是能够获得社会、人们的赞同与尊重的，什么行为是不文明甚至是可耻的，从而帮助孩子们变得更加自尊与自信，并不断地追求上进。

8. 要客观，不要成人主观

许多教师与家长在欣赏孩子时，会从自我主观认识出发，采取自己认为最好的、自己感觉效果会不错的欣赏方式。但事实上，这种成人主观化的欣赏方式多半会因为没有考虑到孩子个体与个体之间的不同，而无法起到其本身应有的作用。

因此，欣赏孩子应结合当下的实际情况，进行具体行为具体分析，同时要注重个性与特征，从学生的实际出发，根据学生的性格、兴趣、爱好与接受能力等不同，针对不同的人采取不同的赞扬方式：在面对敏感的学生时，赞扬应尽量含蓄；对自尊心较强但性格内向的学生，应进行侧面启发进行诱导，采用委婉的赞扬；对于本身具有惰性且依赖心理严重的学生，宜采用触动式的赞扬；对于脾气暴躁、自我意识较强的学生，宜采用讨论式的赞扬；对于本身有些胆小的学生，应进行积极的肯定与鼓励；对经常受到批评、极少受到表扬的孩子，应采取衷心表扬的方式……这种客观针对学生自我特点的欣赏方式，可以使学生获得最大程度上的欣赏感受，从而使其改进自我、提升自我的积极性进一步加强。

在客观欣赏孩子的过程中，倾听孩子的童稚真语，以朋友的姿态感知那颗心灵，给予他们前行的信心；多听一份意见，就意味着多一份亲情。善于倾听，是对他人的尊重，是理解与宽容，是一种美德，是成熟的人最基本的素质，更是一种生活的艺术。

我校一位学生的家长在学校的博客中写了这样一件事：

记得有一次周末带女儿学琴回来，心中怒得不得了，刚刚一进家门就发起脾气，硬要女儿接着练习。女儿无辜的小脸上写满了无奈、由于气愤也没有太在意她的感受。最后弄得她哭个不停，伴随着她的哭声，我冷静了许多。和气地问她：“你知道妈妈为什么生气吗?”

孩子满脸带泪地摇摇头，此时的我后悔极了。想想这个年龄段的孩子理解能力、察言观色的能力根本不具备，你的气愤她根本没有发现，即使发现了也往往不真的明白你到底是为了什么。自顾自地发泄与倾诉对于低龄儿童来说基本无济于事。冷静想想觉得：应该告诉孩子我们生气的缘由。让孩子明白，到底自己哪里做得不好。

这便是欣赏教育的实施要点，学会倾听是一种修养、一种气度，更是欣赏教育得以正确实施的关键所在。作为家长或老师我们更重要的应是蹲下来用心倾听孩子的心声，了解他们想知道什么？不明白什么？想弄明白什么？上帝造人给了我们两只耳朵一张嘴巴，似乎也在暗示人们要学会倾听。因为只有用心倾听才能听到心灵碰撞的声音，才能有更多、更深、更清楚的认识。

9. **要及时，不要事后补救**

欣赏教育所秉承的是及时原则，学生在学习上、行为上哪怕拥有一点点微小的成绩，教师都不应置之不理，更不应等到事后再进行赞扬，而是应及时赞扬学生所取得的进步。若是时过境迁，脱离了当时的氛围，欣赏教育就会大打折扣，使褒奖与欣赏的作用被降低。特别是对于中小学生来说，其可塑性极强，而且很容易会受到环境等因素的影响，所以，在欣赏孩子时，教师应对学生进行当下的欣赏。

我校老师于连蕊教授的课程是《品德与生活》，《品德与生活》课堂具有交往式的特点，师生经常会围绕一个话题或素材开展对话。由于话题或素材多从日常生活中提取，所以在对话教学的过程中，由于学生家庭背景、成长经历、已有认知结构等方面的差异，相同的对话内容，对不同经验背景的学生来说，从中获得的体验不同。因此，回答问题时的角度有时会有很大不同，甚至有些并不是我们课堂上“想要的”，面对这些回答，于老师认为教师应多以鼓励的方式评价学生，多从欣赏的角度看待学生的回答。

如在讲《寻找春天》一课时，她便让学生用自己的语言赞美心中的春天，有的学生赞美春天的风柔柔的、草绿绿的；有的学生赞美春天的阳光很暖和；有的学生赞美春天的花很多，装点着美丽的大地等等。可是也有一名学生这样说：“春天到了，人容易生病，好多人得了感冒，发烧咳嗽，医院里看病的人排起了大队。”显然，这个孩子很注意观察生活，他看到了春天里容易生病这一现象。

这时，如果老师提醒他：“我们正在赞美春天，请你注意听老师的问题。”虽然没有批评，但明显是对他回答问题的一个否定,会打击他参与课堂活动的积极性。所以当大多数学生赞美春天，这个不同的声音说春天也有不好的地方、容易得感冒这一偏离出本课价值取向的回答时，她及时的点拨和引导学生要辩证去看待春天，春天并非十全十美，也有不好的地方，但并不影响人们去赞颂她。实际上，这名学生对于春天的感受与众不同，是源于他对生活的发现是真实的，而于老师也正是通过欣赏性的语言，及时尊重了学生对话过程中的多元体验，同时也使他善于观察生活的优点得到了鼓励。

由此可见，及时的欣赏教育不仅表现在，在与学生对话的过程中，教师要努力营造宽松民主的对话氛围，创设对话情境，充分尊重学生个体经验的差异，同时也要允许学生从不同角度认识问题，用不同的方式表达自己的想法和生活体验，用不同的方法解决问题。但另一方面，用欣赏的语言评价孩子的发言并不是没有原则的一味肯定，对他们不正确的理解或不符合教材价值取向和社会主流的价值观，教师应当引导点拨，举生活中的事例增进学生的体验，以促进学生对某一话题的深层理解。

同时，在进行教育中的批评部分时，也应坚持及时原则：指出孩子的错误在哪里，并帮助他们分析错误的动机与原因，以进行及时的教育。若是在教育过程中，学生并不愿意承认的话，教师应暂时回避五分钟，同时告诉他们，知错能改依然是好学生，给他们留下主动解决问题的机会与反省的余地。

钟华老师曾向我讲述过他教学过程中遇到的一件事：

小A在同学的眼中是“学习纪律双差生”，记得有一次在课上，说到关于排队的问题，我问学生：“平时排队谁排在最后呀？为什么他老排在最后？”本来我是想通过这个问题来引出“因为个高的在后面”这样一个人们固有的思维定势，从而进一步引导学生可以用多种思维方式排队，训练孩子们的多向思维能力。可是，没想到一个孩子大声地说：“小A排在最后，因为他的学习不好，还不遵守纪律。所以他永远都排在最后。”

话音一落，全班同学都跟着哄堂大笑起来，而小A羞得面红耳赤，顿时就起身，看这样子一场口水战即将要爆发了。看到这种情形我立刻接过话来说：“你这句话我想小A肯定不同意，科学家也不同意，大自然也不同意呀！”一句话把大家说的莫名其妙，想要大战一场的小A也不知说什么好了，愣在那不知所措。

我接着说：“大家看看小A同学的个头，要是让他到队伍的前边来，请问，你们会受到什么影响？”

“他高，我们就看不到前边了。”

“是呀，人家小A同学为了大家能够有更好的视线，才没有任何怨言的排到队伍的后面。看看人家的风格多高呀！你们不感谢人家，还冤枉他，想想，你要是他心里会怎么想？”

说到这时，那名声讨小A的同学慢慢地低下了头。

我看着小A，信任的询问道：“小A，你说我说的对吗？”他像是得到了无敌盾牌一样地努力点头。

然后我接着说：“我们看待任何事物，都不能用一成不变的眼光去看。你想想，你生下来时才多大，可现在呢？你没上学时知道什么，可现在呢？世界上的任何人和事都是在不断发展的，要是没有了发展，这人岂不是永远也长不大了？”

同学们认真地听着，并以点头的方式同意我的说法。“这话可不是我说的，而是科学家的研究成果证明了大自然就是通过这样一个不断发展的规律来存在的。所以，我们要用发展和欣赏的眼光去看待每一个人。就拿小A来说，别看他现在可能和你们有一些差距，但是如果他努力克服身上的不足，我相信，也许有一天他会超过你们的。”

我边说边用余光扫了一眼小A，只见他腰板挺得比平时更直了，表情也非常的严肃。于是，我继续本节课的内容。这一堂课，同学们听得格外认真，尤其是小A，始终保持着饱满的精神状态，下了课，他还主动帮我收拾教具。

从此以后，我刻意在课堂上、在学生们中间表扬他的每一分进步，不断的树立他的自信心，并用他的进步向全体学生验证那句话“任何事物都是在不断发展变化的”。本学期末的检测，小A的成绩由原来的不及格达到了良的水平。班主任激动地对我说：“你知道他的成绩为什么这么好？因为考试之前我们有个约定，如果他考好了，他希望我在全班面前表扬他。结果他突破了自己，我也实现了对他的承诺。”

钟老师的做法，不仅对那些随意对他人进行肆意评价的孩子们提出了恰当的批评，使他们认识到了自己的错误，同时也展示了自己在教育过程中的适可而止地批评、恰当地引导与欣赏，使所有的学生都获得了自我成长过程中的新进步。

不管是批评还是欣赏，这种及时教育原则都同样适用，它可以使学生在学会了怎样做的过程中，不断地发现自己的正确行为与不足之处，再在老师的鼓励之下，继续努力。

李文凤

第四章 欣赏教育的基本要求

当欣赏教育应用于与教育教学与管理实践过程中时，其主旨是精心地呵护与培养学生的自信，以期望将学生的潜能最大限度地发挥出来，使学生发现“我能行”，让他们在肯定与鼓励中成长。这种教育方法并不是一味地通过赞扬便能获得明显成效的，它拥有一些基本的要求，只有当你实施并贯彻了这些基本要求时，才能够使自己的教育方式逐渐的与欣赏教育相一致。

1. 真诚：欣赏是一个真诚的微笑

在欣赏教育的实施过程中，真诚是一个不容忽视的现实：教育必须是真诚的，不管是教育的内容、方法，还是教师的言行、品行，都需要用真诚来表达，而在所有有关真诚的表达方式中，微笑是对人信任、尊重的表达方式。

王立宁教师曾经给我们讲过这样一件事：

我还记得，那天是2011年9月9日。

那天，我的课很多，上午4节、下午2节，没有空课。一天下来可真累！但是我很幸福，因为一枝康乃馨。

上午第四节课的上课铃响起，我与学生一同进入教室，学生自觉地坐在座位上，等待我上课。这时，我发现电脑旁边多了一枝红色的康乃馨，由于要上课，我没有问它的由来，把它放进笔筒，开始了讲授。15分钟过后，学生开始画画，巡视时，我发现有个小姑娘总是心不在焉的左顾右盼，像是故意让我注意她。于是，我走过去问：“你有什么问题要问吗？”她拉拉我的衣角，示意我低下头，趴在我耳边轻轻地说：“您不喜欢花吗？”我突然想起那枝康乃馨。“喜欢，是你送的吗？谢谢你！”她摇摇头。我很是不解。带着这种心情我度过了有史以来最慢长的一节课。

下课铃响起，我高声问：“这花是谁送的？谢谢！”没有人回答，也没有人告诉我是哪位同学送给我的。看着一个个可爱的身影远去，我打开了和这枝花一起的小卡片。“王老师：您总是对我笑，所以我喜欢您，我喜欢上美术课！祝您教师节快乐！您的学生：李X”我的脑海中突然出现了一张微笑的脸。是他！他不是个优秀的孩子，课上也很少回答问题，不爱表达，但他很听话，画画时也很认真。不论是操场上、楼道里、还是上课前，这个小男孩总是微笑地与我打招呼，从未说过什么。我也是用微笑回应他，或摸摸他的头，也从未说过什么。我用微笑得到了他对我的信任，荣获了他这枝康乃馨的奖励。

这枝康乃馨告诉我：用微笑对待每一个孩子，无论是好还是“坏”将会收获花朵般的幸福！因为微笑是一枝永不凋谢的花！

教育是期待，教育是牵手，教育是澄明，教育是心动，教育里饱含着真情的问候，教育里洋溢着微笑的面孔。面对我的学生们，我愿微笑每一天。

人与人走近的是心灵，使心与心相贴的是情感，作为教师，我们应用最真挚的情感走进孩子心灵的天空。教育的过程是教师做人的过程，教师在德育过程中最重要的一点，就是永远保持真挚的教育情感。有人说：“小学教育重在培养学生良好的习惯。”有人说：“教育就是如何善待孩子，如何欣赏孩子。”有人说：“教育是‘人育’，是对一个鲜活的生命个体的善的引导。”其实，他们的答案都倾向“欣赏教育”。欣赏教育就是要我们用善于发现美的目光去捕捉、欣赏孩子身上的闪光点，让每一个孩子都很自信，都很阳光，让欣赏的魅力处处闪烁着光彩。

在实施教育的过程中，教师必须要做到以下几点，方能使真诚在自我行为中流露出来，使孩子感受到真实的氛围：

(1) 真诚感化，微笑对待

每一个学生的内心世界都是一本独特的书，它需要教师使用智慧与理性进行理解，更需要教师用理解与宽容去解读，使用真诚的爱去感化，方能结出“良好发展”的果实。每一个教师都会对学生抱有一定的期望，但是有些教师对学生的期望往往会过多，无法从学生的实际出发，而是使用同一尺度去要求学生。当有些学生达不到教师所期望、所规定的最佳标准时，教师就会以斥责的语言对学生进行贬低。这种教育往往会被解释为“怒其不争”，但事实上，它对教育孩子、帮助孩子感受真诚并无半点好处。因此，教师必须要端正自己的心态，对待学习或者纪律不佳的同学多付出爱心，实事求是地要求学生进步，调整自己对学生的不恰当期望，用微笑来面对孩子，做到根据学生的特点、智力与能力等因素，协助他们树立起不同的奋斗目标，从而真正地做到因材施教，让孩子们在循序渐进中获得成长。

(2) 平等对待，以心交流

在欣赏教育中，要求教师转变以往居高临下的权威式心态，而是鼓励教师以亲切的面孔、平等和谐的口吻，与孩子进行交流，使师生之间的“心距”缩短。学生只有在这样一个人格得到尊重、行为获得鼓励、努力受到肯定、情感赢得理解的氛围之中，才可以尽情地释放自己潜在的创造性能量，毫无顾忌地对自己的思想感情进行表达，并自然地表露出自己的困惑与疑问。一旦学生的情趣、爱好与思维都拥有了充分的发展空间，他们便会愿意走近教师、愿意与教师进行攀谈，并成为朋友，从而使学生的心理、学习向着更好的方向发展。

(3) 倾注真爱，促进内化

欣赏教育的基础是感情的交流，同时也是爱的投入。教师应对那些存在各种缺点的学生进行重视与关心，多关注那些有心理障碍的学生。同时，教师也应深入地了解学生，善于与学生进行沟通、谈心与交流，进而不断地开导学生，对学生的内心情感进行倾听，对学生的内心世界进行感知，以老师真诚的爱去关心、去呵护每一个学生，使学生们的心灵得到寄托，让学生们的情感获得倾诉、精神得到依靠。当学生需要帮助、需要关心时，教师应及时伸出援助之手，积极地帮助学生，促使学生幼小的心灵得到鼓舞，从而让学生相信自己一定能行，并逐渐地养成良好的心理品质。

2. 平等：欣赏是一种平等的交流

欣赏教育另一基本要求是师生间的平等关系，这种关系是教师与学生在人格上的平等，两者在教育教学过程中各自所体现的地位平等。欣赏教育的核心在于，脱离传统的“师道至上”，形成尊重个体的教育方式，而建立起平等的师生关系，是欣赏教育顺利实施的必要条件：平等方能促进师生共同探讨，进一步展示学生进行创新的本领；平等才能交流，交流才能消除代沟。在平等的条件下，教师培养欣赏能力的一言一行，才能在学生的心坎上产生互动。一个教师的才干不仅表现于自身所拥有的渊博的学识，而且表现为善于为学生营造宽松而和谐的发展环境，唯有建立起这种平等的师生关系，方能营造出这种环境。

罗丹曾经说过：生活中不是缺少美，而是缺少发现美的眼睛。教育过程中同样不缺少美，而是缺少发现美的教育方法。李雪梅老师在教育教学过程中的心得与经验，是欣赏教育过程中平等对待的最直接证明。

S是一个多动的孩子，上课没有几分钟是安静的，哪边有一点点小动静，他保证第一个关注，甚至不怎么好笑的事他也会哈哈大笑起来。每次耐心地私下和他交流，他总是点点头说知道自己错了。可是到了上课时，他还是管不住自己，有一次甚至钻到桌子底下。我当时非常气愤并毫无耐心地说：“你是不是多动症啊?”其他同学笑了，而他低下头说：“我爸也说我多动症。”这时我突然意识到自己不假思索的一句话也许伤害了他弱小的心灵。我没有多说什么，让他坐下继续开始讲课。

课后，我和他交谈，当然也采取了迂回战术，没有因为责备他当堂课的表现，而是说了一些他的优点，后来我问他什么是多动症，他说是一种病。看来我的那句话真的是刺到了他的心。于是我摸摸他的小脑袋跟他解释，纠正他的一些想法。他还天真地问我一句：“老师，那我没病啊?”多么单纯的孩子，差点因为我的没有耐心而伤害到他。

一次早读，孩子们都在津津有味地读书，我发现他也在非常认真地表现着，坐得端端正正大声地朗读。虽然声音有些怪异，可我还是在班上表扬了他。那天语文课上他虽然还是动来动去，但每次和他进行眼神的交流或给他一个微笑时，他就会不好意思地坐端正些。

从这件事上我不断总结和反省自己，假如当时我对他完全失去耐心，没有及时地认识到那句话对他的伤害，那么我之前和他之间的交流就会付诸东流，甚至对他造成心灵上的伤害，那样的后果是可怕的。作为教师的我，以后一定要做到课上课下用同样的耐心来对待学生，及时地进行自我反省，让欣赏成为一种习惯，欣赏教育才能有始有终地进行下去，才能借助智慧发现孩子的闪光点，让孩子充分发挥自己的个性优势。

如果说孩子的心是一片纯洁的海，那么建立于平等关系上的欣赏就是风，它会给这片海带来充满活力的波澜；如果说孩子的心是一片充满渴望的土地，那么平等的欣赏就是雨，它会给这片土地带来充满活力的生机。平等的欣赏就像阳光，它能让孩子充满自信，扬起灿烂的笑脸。以平等的态度去欣赏学生，需要像呼吸空气一样长期地激励着孩子和自己。养成平等对待孩子、乐于欣赏孩子的习惯，自己和孩子都会插上飞向成功彼岸的翅膀。

如何建立起平等的师生关系？在我校进行欣赏教育的过程中，我发现，这一关系的建立，必须要通过以下几个方面：

(1) 改变双方的观念

传统的教育方式中，人们经常会谈到的是，学生应该如何去尊重教师，但是在实施教育的过程中，学生也是主体，学生也应受尊重。在我们的脑海中存在着根深蒂固的潜意识：师生之间并不是平等的。就算现代人的教育观念早已获得了一定的信息更新，但是，在谈及教师对学生的不尊重时，我们依然认为，打骂学生是对学生的不尊重。

其实，打骂现象虽然在当下的教育环境中的确存在，但却极为少数。可是，虽然教师极少打骂学生，我们也很难说，他们在尊重学生。这种师生不平等的意识多年来一直渗透在校园中，浸透于师生关系之中。比如，我们的教师在找孩子谈心时，总是会让孩子站着；教师做错事情时，往往不会道歉，而是以一句“批评你都是为你好”为借口，强词夺理，忽视了对于学生的尊重。还有教师会将学生日记中所写的小秘密、心里话在教室中进行公开的宣传。这种现象皆说明，我们的教师并没有真正地在脑海中树立起“人格平等”的基本概念，更没有将学生视为“真正意义上的独立个人”。

事实上，在师生关系上，人与人之间的确是“我和你”的关系，同时也是灵魂之间的交流，而不是一种改造与被改造的关系。每一位教师都应平等地对待学生，对学生进行充分的尊重，唯有如此，方能不断地激发起学生的上进心，让学生主动地寻求发展，成为新世纪的开拓者与创新者。而我们的教师在教育孩子的过程中，让孩子们坐下说话、让教师敢于道歉，允许学生评价教师，这些虽然是教育工作中的细节，但是却能体现出一种全新的教育理念。

(2) 教师必须要摆正自己在教育、教学中的具体位置

教师应是学生学习过程中的“伴游”，而不仅仅是教学过程中的“导游”。所谓“伴游”，就是自始至终地参与学生的全过程，同时在学习中与学生同甘共苦；所谓“导游”，就是要对学生的学习进行指导，为学生排疑解难。因此，在教学过程中，教师必须要学会以学生为核心，树立起“一切为了孩子”的目的，使孩子们能够与教师平等地对话。

另一方面，在传统的接受性学习中，教师讲，学生听；教师是主动者，学生是被动者；教师传授技巧的高低，在一定程度上决定了学生获得知识数量的多少。在欣赏教育式的探究性学习中，教师是学习的组织者、参与者、指导者与评价者，而学生是学习的主动方，教师与学生处于平等的地位上，学生在探究过程中是否努力，是形成个人能力的决定性因素。这一学习方式的转变，也证明了欣赏教育的另一核心所在：改变学生被动的学习方式与传统的教学方法，不断地促进学生由过去单一的接受性学习，进一步转变为接受性学习与探索性学习相结合的方式，变被动学习为主动学习，让学生在学习过程中，学会合作性的欣赏学习、自主学习。

(3) 教师必须要走入学生的情感世界中，并做到坦诚相对

我们已经提到，在欣赏教学的过程中，教师与学生的地位是平等的，教师想要建立起这种平等的关系，就要将自己当作学生的朋友，走入学生的感情世界，去感受学生的不同情绪变化。

在与学生进行交流时，若学生提出了自己无法回答的问题，教师也应坦诚地告诉对方："我也不太清楚，那我们一起来研究一下怎么样？"同时，还应常常询问学生："你在想什么？""你是否有不同的意见？"等等，在这样的平等、民主教育氛围中，教师才会"经常有惊喜"、"经常发现学生的闪光点"，教师才能够真正地带给孩子的平等感受，才能使学生体验到自我的人生价值。

3. 宽容：欣赏是一种博大的胸怀

欣赏教育所追求的首先是一种保护：保护学生本身所固有的好奇心与求知欲，保护学生的童心与纯真，保护学生的求异与那些"可爱的错误"——实现这种保护的前提是，教师应懂得宽容孩子，因为宽容是一种理解。

学校教育中，对待问题学生的过失、错误，我们往往简单粗暴，缺乏耐心与宽容。我们可能忘记了陶行知先生的告诫："你这糊涂的先生，你的教鞭下有瓦特，你的冷眼中有牛顿，你的讥笑里有爱迪生，你别忙着把他们赶跑。"

或许，本校高铁华老师的亲身经历，可以让我们获得些许宽容的力量与经验。

在以往，面对学生的错，我往往是暴跳如雷批评一通，孩子委屈，老师生气，教育无效。而在采用了理解和宽容的方式之后，却使我赢得了学生的心，改变了学生。

王×思维活跃，但组织纪律散漫，是个让老师特别头疼的小家伙。他上课小动作多、不爱打扫卫生；经常迟到；经常搞些恶作剧，曾经将图钉钉在"本周我展示"中的大拇指好少年相片的眼睛位置……我多次找他谈话，多次和他的家长沟通共同教育，他仍然无动于衷。

那天他又迟到了，还穿着一双拖鞋慢悠悠地进了班。看到他这个样子，我强行控制住心中的不满，用平和的口气说："王×，你是学校的学生，我是学校老师，假如老师每天也穿拖鞋上班，好不好？"

他没有想到我会问这个问题，迟疑了一下说："不好。"

"那好，想来读书的我都欢迎，来读书的人就一定要像个学生。你想想看，你穿着拖鞋来，符合学生的身份吗？明天给我一个答案，好吗？"他不好意思地

低着头，没有说话。我也没有继续追问。心想：今天就算了，要是不改，下回教训你！

令我没有想到的是，第二天当我看到他时，他衣着整齐地出现在我面前。我内心庆幸：幸好昨天没有继续追究，看来对学生持宽容之心进行教育还真的能事半功倍。于是，我不失时机地在全班同学面前表扬他："王×是个能够严格要求自己的学生，虚心接受老师的建议，希望大家像他一样严格要求自己，同时老师相信他今后在其他的方面也会做得很好！"然后示意大家给他掌声鼓励，在掌声中，他的脸红了。

我知道，在成长的道路上，他已经迈出了难得的第一步，如果不趁热打铁，也许就会前功尽弃。在以后的日子里，我特别留心他的一举一动，监督他的学习和生活，想方设法减少他违纪的机会。我发现，他在不断地变化。他开始认真地做作业了；课上的小动作几乎不见了；擦地时，他竟然主动帮助其他同学把地面擦得干干净净。这一切，我看在眼里，喜在心里，为了帮助他彻底改变以前的坏习惯，我在表扬他进步的同时，还与科任老师联系，多给他一些关心。

一个真心向善的念头，一个宽容的胸怀，是人世间最罕见的奇迹，也是佛桌上永不败的花朵，而让奇迹泯灭、花朵凋谢的，不是错误，而是一幅冰冷的面孔、一颗不肯宽容的心。宽容是一丝春雨，它滋润了学生的心田；宽容是一粒爱的种子，它会在学生的心中萌芽；宽容是寂寞冬夜里飘然而至的春风，它温暖了无数颗孤独无助的心。我们要学会宽容，学会鼓励，学会欣赏……

威廉·詹姆斯说："人生的第一原则是渴望得到赞赏。"对每个学生、每个人来说，内心深处都有被人欣赏、被人赏识、被人理解的需要。尤其是孩子，更是渴望自己被老师所信任、所认可。当学生一旦做错了事，受到挫折，他们最需要老师的安慰，更需要悉心的指导。假如老师不去了解他们，言语中尽是责难与教训，会使学生伤心和难过，甚至对老师产生怀疑和失望，最终导致对立。所以教师应该小心谨慎地去面对有错的学生，用一颗宽容的心去理解学生，抓住契机，针对学生特点进行情感教育，使学生的每一次错误都变成他走向进步的一个台阶。简单粗暴往往会扼杀学生积极向上的萌芽，理解宽容却常常能浇开希望的花朵。我想，只要我们每一位老师与家长都能够以宽容的态度去面对孩子们，他们一定能够自信地飞翔！

所谓宽容，若仅就其实质来说，就是在对待异己的观念与信仰上时，持有公正、理智的态度，在不妨碍对方的前提下，允许他人自由地行动、独立地思想。

可以说，良好的师生关系是教育教学成功的关键性因素，而宽容又是构建良好师生关系的要素。在欣赏教育教学过程中，教师应从以下方面入手，宽容学生，使学生尽量扬长避短：

(1) 教师必须要在最大限度上理解、宽容与善待学生

在英国，有位名叫麦克劳德的科学家，少儿时曾经偷偷将校长家的狗杀死，在西方国家，这显然是难以原谅的错误，但是，校长对他的惩罚是，画出狗的全身血液循环图与具体的骨骼结构图，也正是这一包含了理解、宽容与善良的惩罚，使麦克劳德爱上了生物学，并最终发现了治疗糖尿病的胰岛素。由此可见，有问题的学生并不一定是坏学生。在学生犯下错误时，往往并非品质问题，而是出于好奇心或是其他原因。

因此，在欣赏教育的实施过程中，若学生犯下错误，教师必须要意识到，我们的学生还未成年，他们尚处于身心发展阶段，其是非观念还未成熟，出现一些小毛病与错误多半在所难免。教师应针对事情进行分析，正确地引导孩子，不要不分青红皂白地进行横加指责、痛下杀手。对有问题的学生，教师应更热情地伸出双手，引导你的学生，以让孩子在认识到自我错误的同时，又不至于对你产生过度的抵触情绪。

(2) 把握好宽容的度

多数学校、教师在欣赏教育实施过程中，总是犯下这样的错误：认为宽容就是原谅，他们放弃指正孩子的错误，反而以赞扬的形式，让孩子接受教育的机会白白流失，使其负面行为被不当强化。但事实上，宽容不是姑息、放纵与适应，更非不讲原则与是非。在对待学生时，教师一定要做到原则性问题不让步、是非面前不糊涂，把握好宽容的度。

这意味着，教师要在严格要求的前提下，对犯错的学生进行尊重与理解，让他们有时间、有过程地认识自己的错误，并给他们自我改正错误的余地。

(3) 运用好“无声的宽容”

在对学生进行教育的过程中，教师应注意保护学生的自尊心，要懂得，在有些情况下，“无声”也是一种宽容，“无声”也是一种教育。

当学生犯了错误，教师不应对学生进行当众指责，更不应对学生进行体罚，而是应讲究批评学生的方法，在教育过程中，通过目光暗示、提问、转移话题等方法，使学生进一步认识到自己所犯下的错误，使其努力获得改正，避免日后再犯。采用此类无声的批评，有时候往往会更有效，必要时，教师还应学会为学生

找“台阶”下，力求达到让自己在自省中改正错误的效果。

(4) 宽容应学会引导

在多年的教育教学工作中，我体会到，若仅仅是对学生颁发诸多的限制，左一个不准，右一个不行，这种只“堵”不“导”的方法，多半只会使欣赏教育偏离原有的本质，甚至会起到反作用。在教育的过程中，教师应将着眼点放于引导上，以满腔热情去关心、帮助孩子，对有缺点的学生进行鼓励，对犯错误的学生进行正确的引导，使学生在得到了动力、感受到了原谅之后，增进与教师的感情，并进一步学会欣赏教师。

4. 理解：欣赏是一种换位思考

俄罗斯著名心理学家斯皮娃夫·斯卡娅曾经指出：“在教育过程中，接纳学生的公式，不应是‘我支持你，因为你是好样的’，而应该是‘我支持你，因为你就是你；我支持你，因为你本身就是这个样子的’。”其理念所在直指理解——随着时代的进步与教育的变革，运用理解来促进师生关系、使教师与学生获得共同的发展，早已成为了当今教育的必然要求。

福老师的班上有个叫小宇的男孩，小宇是个活泼好动的男孩子，平日里有喜欢欺负同学的坏习惯。针对这个问题，福老师也曾经批评过、找他谈过心，但都不见效。福老师知道，这种习惯性欺负他人的孩子，必然是受到了不当家庭教育的影响。

于是，福老师便抽时间与小宇的家长进行了联系，之后才发现，原来小宇的父母都有些急脾气，而且有些望子成龙心切。平日里，他们对小宇总是进行严厉的管教，有时甚至会因为小宇做错了事而大打出手。

了解到这些情况之后，福老师认为，自己有必要与家长一起，为小宇创造一个更好的成长环境，使他去“戒除”自己个性中的暴力成分。接下来的一段时间里，福老师经常和小宇聊天、谈心，比如询问一些如“你喜欢什么样的老师，喜欢爸爸妈妈和你一起做什么”等简单的问题，通过这些了解孩子对老师和家长的要求。

同时，福老师不放过任何一个夸奖他的机会，稍有进步就热情表扬，比如上课他举手了，福老师一定给他机会发言、比如站队上操时他没说话、就连中午他把饭都吃完了，老师也会夸他爱惜粮食，这样来让孩子首先悦纳自己，给孩子正确的心理暗示：我是好孩子。

此外，福老师主动找到了在欣赏教育上取得过较好成就的其他老师，并向对方请教帮助小宇的方法，和家长协商后，破例为小宇更换了校本课程，让他在“快乐起飞”班接受最直接有效的心理辅导。校外，福老师继续保持和小宇家长的联系，交换彼此的想法，努力让小宇的妈妈了解欣赏教育、接受欣赏教育。并且对小宇的妈妈提出要求：绝对不能打孩子，成绩暂时放一边，先给孩子正确的心理引导、纠正他的行为习惯。

这样，半个学期下来，小宇有了不小的进步，福老师几乎再也没有听到过其他的孩子告他的状了。而且，因为福老师的大力推进，小宇的父母也开始在家庭中实施欣赏教育了，他们还在家里为孩子准备了每日一奖励的小表格，记录下小宇每天点滴的进步。

通过小宇的例子，我想到：过犹不及，孩子在家太过压抑，势必就会在学校释放发泄，况且孩子是最好的模仿家，你给他展现什么，它就会照着这样的方向发展……每个小天使都有自己的伤口，不要责怪他为什么没有双翅而要从他们的内心寻找原因，欣赏他们的优点、更要接受他们的不足；欣赏他们哪怕点滴的进步，更期待他们来日给我们的惊喜。

这种从现实生活入手，对孩子的成长经历进行理解、进行深入的教育方式，正是在参与、欣赏孩子的过程中，成人应该持有的态度。

欣赏教育过程中，理解应建立于以下基础之上：

(1) 不断地强调师生间的自我理解与相互理解

与传统型师生关系相比，欣赏教育中的师生关系有着鲜明的特征，即强调师生的自我理解与相互理解。自我理解的基本内涵是，首先，使师生双方都获得不断的自我认知，每个人对于自己的认识都会拥有一个清晰的发展过程，教师与学生也是如此。在自我职业生涯中，教师应通过对教育活动的不断参与投入，逐渐地加深自我认识，同时，引导学生不断地对其自身进行认识，以求相互之间可以获得最佳的自我认知，进而使师生关系获得改善。

所谓的相互理解，即指师生双方应将彼此之间的误解消除，增进彼此之间的了解，进而达到相互体谅、彼此信任、共享知识、相互储存的关系。实现师生间的这种理解方式有很多，如，教师可以借助于一定的规范，来引导孩子了解彼此之间的矛盾、不同，使双方之间找到一个平衡点，进而形成相互理解的关系。

需要注意的是，不管是何种形式的理解，都需要教师将自我原本的权威淡化，试着走近学生，同时以这种“走近”引导学生走近自己，让双方在心平气和的氛围中，倾听彼此的对话，经历对方的体验，并通过这种倾听与体验，获得理解。

(2) 与学生进行良好的对话

不良对话是传统师生关系中的最大缺陷：教师一直是讲话者，学生一直是倾听者。在欣赏教育中，力求建立起对话型师生关系。对话拥有着丰富、多样化的内涵，对话与说话、独白有所不同，它是对话主体双方在平等的基础上所进行的思想交流活动。

一般来说，教师与学生进行良好对话的关键在于：

·欣赏教育中的对话应建立于平等基础上，摒弃成人与孩子、教师与学生间的从属关系。它所强调的是主体双方的平等关系，同时还强调，双方都拥有自我思想与情感的表达权利，因此，双方可以打开心扉、敞开真实自我进行沟通与交流。

·欣赏教育中的对话是直接性的。对话的双方不存在任何的中介，而是直接进行面对面的交流。正如美国著名教育学家马丁·布伯所说的那样："这种关系是直接无间的，它没有任何的概念体系、天赋良知、梦幻想象在'我'与'你'之间形成障碍，更不存在中介。"毫无疑问，这种直接性的对话更有利于欣赏教育的双方进行交流。

·欣赏教育中的对话可以让师生双方都步入"中间"领域中，使双方提供心与心的相遇与沟通，这种相遇就是沟通的前提，更是使教师、学生摆脱自我中心，走近彼此的关键性因素。

可以说，通过对话，教师得以理解孩子的思想、感情所在，并形成双方意识的彼此渗透，它是师生精神境界出现变革的最佳过程，同时也是在师生之间形成"平等、互动与民主"的欣赏关系的前提。

(3) 注重进行角色间的互换与个性的良好发挥

欣赏教育中，教师与学生皆是参与教育活动的主体，同时还非常注重师生主体的合理发挥。在欣赏教育中，教师与学生形成了良好的统一性，理解的过程不是为了达到某种共识而去泯灭个性的过程，相反，欣赏教育中的理解是为了使交往中的差异性受到更好的尊重，两者交往的空间是一个充满了自由、民主、活力的公共领域，师生在这种个体的发挥中，得以共同发展、共享成果，实现真正的"教"、"学"相长。

同时，欣赏教育中所强调的"理解"，更要求教师与学生能够做到理解他人，设身处地地为他人着想。作为成人方，教师在学生面前，需要表现出真实的自我，同时他们愿意与学生进行角色“互换”，愿意进行真诚的换位思考：假如“我”是“学生”，我将如何要求自己的老师？“我”将期望接受怎样的教育。换位到学生的位置上进行思考，会让教师对教育教学过程产生更深的印象，同时也会促进学生的换位思维发展，进一步使师生关系和谐、融洽。

5. **尊重：欣赏是一种对他人的尊重**

想要真正地大面积地提高教育效益，使欣赏教育真真正正地融入到教育过程中，就必须要拥有良好的师生关系，同时还需要营造出和谐而融洽的师生关系，使师生都可以在轻松愉快的教学氛围中完成任务，在这一过程中，尊重学生是欣赏教育顺利实施的一大重要前提。

欣赏是一种尊重，运用欣赏教育就要学会尊重孩子。在音乐课堂中，如果老师仅仅做到信任学生，不注意尊重学生，只有居高临下的信任是苍白无力的，是不被学生认可的，必须改变这种观念。

陈硕老师对于尊重孩子有着自己的一套看法与做法。

记得那天是我第二次在音乐舞蹈教室里为孩子们上课，由于当天是我执勤，再加上早上一直在忙着打印室的工作，我匆匆忙忙就和孩子们一起进教室上课了，直到后来才发现，自己忘换掉高跟鞋了，但时间紧迫，我已经没有时间再返回去换鞋，“将错就错吧！”我想道。

正当我准备和同学们一起用心聆听音乐时，一个小男孩儿高高地举起了手，而且像个小大人似的，表情可严肃了。看他的样子不像是生病了，可还没欣赏音乐，他会有什么事儿呢？“这位同学才刚刚上课一会儿，你有什么事儿吗？”我关切地问道。

“老师，上次您告诉我们再到这儿来上音乐课时，一定要穿软底儿鞋，您怎么今天还穿高跟皮鞋呀？”随着他的问话，大家的目光一下子就聚集到了我的脚上。哎！我的错误还是被孩子发现了！跟他们解释说我太忙，忘换了，发现时已经来不及了！都不行！我可是老师呀，应该说到做到，以身作则的。不论是什么原因，现在是我没做到呀！置之不理，也不行，全班同学都关注着我呢！

对！抓住这时机为学生树立一个“知错就改”的典范。告诉他们，不论是谁都有可能犯错误，出现错误并不可怕，最重要的是要知错就改！

于是，我没有置之不理，更没有高高在上地批评那位同学。而是表扬了他认真听讲，敢于指出别人错误的勇敢做法。还向他们道了歉，说道：“不论今天出于什么原因，进音乐教室的要求老师没有做到，是我错了！所以我知错就改！”

一边说，我一边脱下了高跟皮鞋。同学们见我只穿着袜子踩在地板上，没有笑，而是为我鼓起了掌！

虽然当时我没有记住提问的这个小男孩的名字，但是我真的很感动！这件事情是鞭策我今后更加严谨教学，努力工作！我感谢这个小男孩儿！

这个教育实例真实地证明了这样的事实：老师在课堂教学中注意倾听孩子的诉说，会使孩子们产生满足感，是尊重孩子，从而增强了教师在他们心目中的地位，因为你尊重我，我才能尊重你！今后的课堂教学才会得以顺利进行。

所以作为教师，我们要有一双善于发现美、欣赏美的眼睛，包容学生的不足之处，放大他们的优点，为学生打造自信、自尊、自爱的基石，努力去做一名有一双慧眼的欣赏型教师。那么，如何在教育教学过程中做到教师尊重学生、并进一步促进师生间的互相尊重、使学生的主体作用进一步获得发挥呢？

(1) 尊重学生间的差异

各个学生之间多半存在差异，这种差异主要表现在认知、情感与思维上：

·尊重学生的认知差异

教育家赞科夫说："唯有教师将每一个学习者都理解成是一个具有自我特点、具有自我志向、自我智慧与性格结构的个体时，这样的认知才有助于教师去热爱学生、尊重学生。"学生因为自身智力方面与基础水平等因素，多半对学习内容存在着较大的差异，在具体的教育过程中，我们就要承认这种差异，不能使用同一标准去衡量每一个学生，而是应根据孩子不同的学习情况，进行分别的指导与相应的教育。

·尊重学生的情感差异

学生的情感具有极强的情景性，他们很容易受到具体情景、具体事物的支配，再加上其自身情感可控性较差的特点，学生在某些环境的影响下，很容易出现较为消极与积极的差异。教育中，对于一些消极的情感，教师不应使用盛气凌人的语言去进行扼制，而是应使用温和的目光、商量的口吻、鼓励的方式进行诱导；对学生积极健康向上的情感进行培养，从而使学生在情感上获得更深入的认知。

·尊重学生在思维上的差异

心理学家加德纳认为，每个人都具有多种的智能，即人人都具有某方面的优势智能与劣势智能。但是，因为学生的个性差异，这些智慧多半会显示出不一样的行为倾向。因此，当他们遇到了某一个问题时，就会各抒己见。在教育教学时，教师也应进行区别对待，进行针对性的评价，引导学生从多角度、多层次、全方位去认识事物、看待问题，领悟中心。唯有如此，方能使尊重在欣赏教育中得到充分的实现。

(2) 从内心真正地去尊重学生

在教育教学过程中，尊重并不是说说就可以的。作为独立的交往主体，师生间应该做到相互尊重，更多地体现在教师对学生的尊重上。教师对学生的尊重主要体现在三个不同的方面：

·尊重学生的真实内心体验与情感

教师应设身处地地从学生角度进行问题的思考，重视学生的存在与需要，如，在认知关系上，教师不应以成人的认知方式来要求孩子，而是应重视起学生自己的认知方式；在情感关系上，教师不可以忽视学生作为未成年人所感受到的情感体验以及他们的情感需要；在社会关系上，教师作为社会代言人、教育者与具体的知识教授者，应该更民主、更平等地对待学生。

·尊重学生的自主行为选择

这种自主行为选择体现于：不要求每一个学生都向“三好学生”、“学习标兵”靠拢，而是不强求他们一定要在某方面获得怎样的成就，允许“不优秀、不一致”的意见存在，学生可以做一些与学习无关的事情，让他们自主地发挥自己的学习积极性，这样，反而会使他的学习效率进一步获得提升。

·尊重学生的奇思妙想

事实上，教师在每天的工作中，多半会不知不觉地沿袭着同一种模式，虽然尽心尽力，但是却多半会因为重复而疲惫不堪，而学生总是渴望求新求变、标新立异、丰富多彩，教育教学过程中的枯燥与单调就会成一种负担。只有在教育过程中，允许学生以自己的思维方式进行思考、引导他们进行多方面、多角度的思维，欣赏他们的胡思乱想，启发他们的奇思妙想，方能使学习变成一种积极的学习氛围，方能促使学生对老师的教育、教学产生认可之情，进而增进师生间的和谐。

(3) 尊重学生的评价

在教育教学过程中，多半存在着“交而不往”、相互之间有“交”无“往”的现象，究其原因，多半是因为交往主体之间存在着明显的缺乏评价而导致的。例如，在师生之间，多数学校只采用了教师对学生的单方面评价，却缺少学生对教师的评价。在学生与学生之间的交往中，只有相互间独白式的“倾诉”，而不存在彼此间的分析、评论。师生之间想要在这种复杂、多样化的交往中达成相互理解，就必须要展开彼此评价，这种相互评价不是诋毁，而是为使他人接受自己的思想、观念等，同时也是为了使自己获得他人的认识、与他人达成一致认同、形成共识，从而塑造与发展起自己的独立人格。因此，作为教师，首先要相信学生的意见、发言是真诚的，在此基础上，师生间的彼此评价方能向着“合力”而非“分解”的方向发展，方能达到促进教育的作用。

6. 信任：欣赏是一种对他人的信任

信任是一种能够使人振奋的巨大力量，若是教师对学生不够信任，甚至失去信任，便不利于、甚至无法实施教育。但是，在现实生活中，师生间互不信任的现象比比皆是，由此引发的师生信任危机也会对学生的健康成长造成严重的影响，从而使教育功能的发挥受到严重的制约。因此，由教师开始，引导学生建立起师生间的相互信任关系，对于欣赏教育的实施有着非比寻常的意义。

杨学珍老师是我校一名数学教师，在长达15年的课堂教学过程中，她过去经常采用的是批评式教学。在我校开始实施欣赏教育以后，她读了许多关于欣赏教育的文章，文章中一个个生动的案例，一句句精辟的名言，一次次震撼着她的心，使她感动。杨老师感受到了欣赏教育给教育带来的魅力，在她看来，欣赏教育就是一种激励，一种鼓励。在教育教学中，教师找到学生的优点充分加以肯定，不断培养学生的自尊心，树立学生的自信心，从而使学生不仅有勇于进取之心，也能有不断进取的动力，相信“我能行”。

杨老师回想起自己在过去十几年的教育过程中发现，自己对学生的批评否定，甚至挖苦讽刺要多于肯定与赞赏，但细想起教育效果，赞赏与肯定教育的效果远远超过了简单粗暴的批评教育。

记得一位教育家曾说过这样一句话：“你要想把自己的学生或孩子塑造成你渴望中的样子，只有靠激励和赞美的语言才能真正地达到目的，就像植物都朝着阳光的方向生长一样；而挑剔和过度的批评，只能让孩子变得胆小畏怯，不知所从，或是因为叛逆心理而干脆走向反面。”三年前，她新接任了三年级班主任的教育教学工作，当看到这个班以前的成绩时，一向争强好胜的她心一下子就凉了，全乡倒数第一，平均分比倒数第二的班低十多分，语数每科成绩各有六七个人不及格。但当走进这个班时，她发现孩子们其实不是自己想象的那么笨，他们成绩差的原因多数是因为对学习丧失了信心。

于是，杨老师从树立孩子的信心入手，找到每个孩子的优点，即时鼓励。她经常让他们对自己说的一句话是："我不笨，只要我努力，我的学习成绩一定会提高。"好几个孩子在杨老师这里得到了上小学以来的第一朵小红花、第一个小印章、第一张学校发的奖状……

慢慢地，在课堂上，杨老师看到了他们自信的眼神。那年在区数学抽测中，她所带班级的及格率达到了100%。杨老师告诉孩子们这是你们自己努力的结果，孩子们对学习的信心更足了。到了四年级，因为孩子们学习都很努力，杨老师感觉自己教得很轻松。四年级将要结束时，一个家长找到了杨老师说："老师你要接着带这个班，我就不搬家，让孩子在这上完五年级。如果您不带，我们就转学了。"杨老师给了孩子信任，而这种信任获得了最丰厚的回馈。这是她没有想到的，为此，她感到无比的欣慰。

教育教学应该是师生间心与心的交流，用信任去对待孩子们，不断地关心、鼓励孩子，孩子们的潜能才有可能被发掘，他们的才能才有可能获得施展的空间。在教育过程中，教师应善于利用各种途径，构建起自己与学生之间的相互信任关系。

(1) 言出必行

实施教育的过程中，教师往往会反复地要求学生做到言而有信、言出必行。但是，自己在处理与学生有关的问题时，却多半不够慎重，甚至会信口开河，说了就忘，不去落实。或者，话说过了头，根本无法落实，从而导致自己在学生中失去威信，这是一种非常不可取的行为。

比如，当学生犯了错误时，有些教师会在气头上做出过于贸然的决定，可是，在随后就会忘记。开始时，学生还会因为得到的惩罚而忐忑不安，充满后悔，可是，一旦发现老师仅仅是在吓唬他，他便会对这位老师的教育不再当一回事——师生之间因此而失去信任的基石，学生就会将老师对他的表扬看成是"哄骗"，将老师的惩戒看成是"唬人"——此时，一切的教育手段都会失去其作用。

教师对学生本身就有种潜移默化的影响，大到世界观、人生观，小到一句话、一个举动，都会在整个教育过程中不断地渗透。所以，作为教师，首先应做到说话审慎，言出必行；若是自己有可能做不到，那就不要轻易地做出决定或者承诺。若教师能够以此来赢得学生的信任与尊重的话，那么，我们的教育便已经向成功迈出了一大步。

(2) 拥有专业性

在教师群体中，首先要提高教师的职业道德水平，而教师的专业度是否足够高，直接决定了教师是否能够获得孩子的信任。爱岗敬业是教育与教师事业之间的关系准则，它要求教师本身拥有极强烈的事业心与坚实的职业责任感。教师的职业劳动是一种使用自我人格来培育学生人格、使用自身灵魂来塑造学生灵魂的劳动，它自始至终都是教师与学生之间的相互影响、相互作用的过程，因此，人格上的示范、专业性的引导对于学生的发展有着重要的意义，同时也是赢得学生尊重与信任的重要因素——一个连自己的专业都无法做好的教师，是无法给学生以充分的人生指导与独到、有建设性的建议的，更无法在学生群体中树立起自我威信，因为教师在自我专业知识领域中的出色程度，直接决定了他在学生中有多高的威信度。

(3) 放手

欣赏教育中的教师信任不仅仅在于，以教师的言出必行与专业度来赢得学生的信任，同时还包括了教师应信任学生。而这一信任就应表现在对学生行为的放手上。虽然学生的心理尚不成熟，但是他们渴望长大，同时也渴望被理解，在他们的内心深处，有着与成人同样的心理需求：渴望成功、渴望尝试、渴望被认可。所以，我们应给予更多的信任，不要总是对他们不放手，事事亲历亲为，而是应试着给他们一个机会，让他们自己去把握。给他一个空间，让他自己去努力；给他一个困难，让他自己去解决；给他一些时间，让他自己去安排。信任可以改变人，信任可以产生创造力。当学生生活在被充分信任的环境中时，他们往往能够发挥出巨大的潜能，做好他们平日里做不好的事情。即使做不好，或者出现错误，也是一种历练，也可以获得一种经验。

中国著名教育家叶圣陶老先生有这样一句名言："教是为了不教"，从需要教，到不需要教，这里有一个逐步放手的过程，他使用孩子学走路来作比喻，来说明这样一个教育中的信任过程：最初"或则扶其肩，或则携其腕"，"既而去扶携，忧恐足未健"，再则"翼护之，不离其身畔"，"继之更有进，步步能稳健"。而在欣赏教育中的信任，正是为了能够让学生"步步稳健"而进行的。

7. 认可：欣赏是一种对他人成绩的肯定和喜悦

在学生的成长过程中，教师对他们所产生的影响是不言自明的，来自于教育的肯定与认可，可以使学生变得更加自信、自强与奋发向上，就算是普通人，具有了这种自信，也会敢于挑战困难，愿意勇往直前，不断地挑战他人不敢尝试的事情。反之，若是教师在教育过程中，不对学生的行为进行肯定，而且是更多地对孩子进行埋怨、质疑与责备的话，学生会变得缺乏自信、胆小与怯懦起来，从而在困难的面前，缺乏勇气与胆略，做起事情来也会犹豫不决、缩手缩脚，终难成器。

任课教师都应该注意到这样一个现象：班上总会有既不勤奋刻苦、积极上进，又不调皮捣蛋、惹是生非的学生。他们对班级一切活动既不反对抗议，又不踊跃参加，虽然学业成绩平平，却不名落孙山，各个方面表现及其一般，没有一方面能够引起别人的特别注意，安分守己，似乎没有过多需要，也没有特别的兴趣爱好。总之，他们是一些既不特别好又不特别坏的学生。一般情况下，既得不到老师的批评，也得不到老师的表扬，是一些容易被教师忽视、“遗忘”的学生，即所谓的中等生，国外的一些教育研究家把他们称作“灰色儿童”。这一类学生的教育问题一直引不起教育工作者的重视。一些名教师在介绍经验时大多涉及的是优秀生培养，或后进生转化，很少涉及中等生的教育问题。在我校教育理念的指引下，使我对中等生教育问题发生了兴趣。

我校一（5）班的王××就是这样一个似乎没有什么特色的学生。开学很长一段时间，他的数学教师李兵老师几乎没有注意到他的存在。直到有一天，一件微不足道的小事改变了李老师对他的看法，而这种改变也间接地促使李老师对自己的教育方式进行了反思。

那天的数学课，李老师照常要用白板给学生演示课件，忽然发现窗帘没有拉严，一缕耀眼的阳光射在白板上影响到教学。于是，他便请离窗子比较近的同学拉上窗帘。一时间几名同学争先恐后地离开座位去拉窗帘。

窗帘被拉好了，但是由于孩子们的争抢，窗台上的水瓶被弄翻到了地上。随着一声巨响，这几名学生也吓傻了，顿时愣在了那里，不知怎样做才好。此时座位上有几名学生相继议论了起来，有的在说是谁的责任，有的在说瓶子是谁的，还有的同学在发表受惊吓的感慨……伴随着瓶主嘤嘤的啼哭声，教室里略显得有些吵闹。

正当李老师想开口解决此事时，他却发现一个瘦弱的身体离开座位去捡那个水瓶。他就是王××。只见他拿起水瓶认真地看了看，然后举到胸前笑着对瓶主说：“××别哭了，没有摔坏，能用。”王××的一句话化解了XX的悲伤，让闯祸的几名同学如释重负，让班中的部分同学自发地鼓起了手掌。这一幕感动了李老师，让他重新认识了这名小男生。他有遇事不慌、冷静处事、勇敢、乐于助人、能化解矛盾的好品质。看到这些，李老师及时、毫不吝啬地说出了王××的这些优点，并号召其他同学向他学习……

班中响起雷鸣般的掌声和赞赏的声音，大家一致表示今后要向王××学习。面对同学们的喜爱与称赞，李老师发现王××脸上流露出自信、阳光般的笑容。回到座位上他坐得很端正，从眼神中，李老师读懂了他对自己的感谢！从此，王××虽然依然在班上默默无闻，但是在行动上他却已经变得足够积极，方方面面都要求进步。一次及时到位的表扬就让他从思想、行动上发生了质的改变！

在得知这件事后，我反思了许久。如果老师没有敏锐的目光去发现孩子身上的优点，或者没有及时去肯定学生的优点，那么不知会有多少人因此会失去存在的价值和进取的动力，教师要学会认可学生。一般来说，来自于成人的认可能够促进孩子们良好的行为习惯和健康心理的形成、强化与发展。教师对孩子小小的成功、点滴的优点给予赞美，可以强化其获得成功的情绪体验，满足其成就感，激发继续尝试的兴趣和探索的热情及保持优点的信心，从而培养学生良好的学习动机，促进其健康心理的发展。

认可学生也要讲究方式方法，我想有这么三种方法可用：1.直接式认可：就是教师直接对学生进行正面的言语肯定和褒奖。这是一种应用频率最高、最简便的认可方式，具有认可的内容明确、情感体验真实的特点。2.间接式认可：采用言语暗示的方式，造成一种班级舆论对学生进行认可。3.复合式认可：是“直接式”和“间接式”认可的有机融合（而非简单叠加）。是教师精心构思组织的立体化认可学生的教育方式，是树立榜样典型、强化教育效果的重要手段。

除了三种认可方式以外，欣赏教育中，认可孩子还需要遵循一定的原则与方法：

（1）认可的重要性

在教育领域中拒绝对孩子进行承认，会使被拒绝的人产生极为严重的伤害，因为拒绝赋予重视，或者拒绝认可学生，意味着有些学生是不值得认可、不值得肯定的，况且，在有些情况下，教育的消极评价与教师的藐视行为将会对儿童暗示一种低劣与卑贱的形象，而这种形象又很容易被儿童内化。这样，便会对儿童的发展造成极为严重的伤害。欣赏教育中，承认三种形式将会对学生产生极为重要的影响：教育的关爱、社会的重视与权利的尊重，这三者共同构成了学生成为完整人的精神成长所具有的独特价值体系，而认可正是实现这种独特价值的关键途径所在。

⑵ 发现亮点，找到认可孩子的支点

前苏联著名教育家赞科夫曾经说过：“人人都爱漂亮的孩子，但是，爱难看的孩子，才是真正的爱。”其实，那些“难看”的孩子，指的就是后1/4的学生。

他们在某些方面比不过他人，所以会显得极为低调，例如成绩、品行等。因此，他们特别脆弱，而且很容易在遇到了挫折之后，感觉到迷惘，从而对学习丧失信心。而信心的缺失对于学生的成长无疑是致命的，这就如同一个嗷嗷待哺的孩子突然断了母乳一般，缺失了自信心的孩子，终将丧失成长的动力。因此，作为一名教师，如何使用一颗平等的心，去发现孩子的不同长处，让他们身上所拥有的亮点、出色之处可以充分地发挥出来，捕捉到他们的优势所在，并努力将它放大，是教师实施认可、提升孩子自信心的基础。

8. 态度：欣赏是一种善待他人、善待自己的积极心态

教师所持有的教育态度是对师生关系产生最重要影响的因素之一，日本心理学家岸日元美曾经将教师的教育态度分成了五种：深爱或者冷漠的态度，强制或者自由放任的态度，热心或者直接无视学生的态度，纪律森严或者宽容的态度，对教育事业是否踏实与精通的态度，五大态度结合起来，才是形成良好师生关系的重要条件。业务精通、热爱学生、热爱班级事务、以民主态度对待学生、与学生进行共同的学习与游戏、积极地参与到教育教学工作中的教师，最容易与学生建立起良好的师生关系。

我校教师在教授《我的手》一课中的反思中写道：学习“手的用途”这一部分时，我让学生讨论自己的手、爸爸妈妈的手、老师的手都能做什么，大家各抒己见，互相补充，感受到了手的作用之大。就在这一环节中，在谈到父母的手能做什么时，游××突然说：“我妈妈的手能给我擦屁股。”一句话把大家逗得哈哈大笑。这个回答根本出乎了我的预设范围，但仔细想想它确实又是学生现实生活中存在的现象，可以说是个偶然中的必然问题。此时我立刻联想到上一节课刚刚学完“自己的事情自己做”，于是我顺势引导学生们说：“他说的一点都没错，我们小的时候这些事不会自己做，父母长辈不知为我们做了多少次这样的事情。但是我们现在长大了，这样的事应该让谁的手去做呢？”学生们立刻止住了笑声，回答：“这是我们自己的事，应该让我们自己的手去做。”

教师这样的引导，既帮游××转变了尴尬的局面，又在不动声色中维持了正常的课堂秩序，同时在学习新知识的同时又巩固了旧知识。这样教师就要由单纯的知识传授者转变为儿童活动的指导者、支持者和合作者。

除了以上态度以外，教师还需要学会运用中性态度。中性态度是指，在自我与他人之间存在分歧时，尊重彼此的看法，同时接纳对方言论或行为上的不同。教师的“中性态度”，主要是指教师对待学生本人、学生的信念与看法、学生的

言行等中性的评价，也就是说，在师生交流的过程中，教师的语气不应透露出学生的语言、行为是对还是错，而是应将语气与表情保持在中性态度下，以帮助学生进一步营造出积极的心理氛围。

中性态度的重要性在于，师生交流是教育过程中的重要内容，也是师生分享观点、澄清理解的一种方式，同时也是学生成长与发展的重要需求。在交流过程中，教师的态度表现有多种，最常见的为积极的评价与消极的评价，消极的评价多半会出现于双方存在不同意见的情况下，但这种消极评价一旦出口，便会使师生之间的关系变得紧张，从而使交流氛围于事情的发展更不利。人本主义心理学家马斯洛认为，安全感是一种心理活动的具体状态，是一种从恐惧、焦虑与忧郁中解脱出来的安全、信心与自由的感受。但是，在我国教育过程中，多半存在“学生想问但不敢问”的现象，这种现象正是源于孩子们对自我的不确定、无安全感而造成的。

有了安全感，方能有自信与自尊，方能与他人建立起信任的人际关系，这就要求教师在做到积极地面对自我工作的同时，还要保持以中立的态度，来使学生们赢得安全感。这种中立态度，不仅会使学生们感受到自己的观点、看法受到了尊重，同时，也会使教师的教学工作更容易进行。

(1) 学会适当地沉默

在某种意义上，沉默可以说是交流过程中可以使用各种倾听反应中最具有非指导性的。然而，许多人对于沉默感觉到非常不舒服，特别是与另一个人在一起时。但事实上，在师生交流中，沉默具有相当大的抚慰作用，它的功能主要是鼓励学生说话，以及用于帮助学生对刚刚讨论的内容进行思考或者从中恢复，但这种沉默并不是教师一直沉默，而是在交流中，老师进行恰当的插话或者解释，更多的则是鼓励学生说教师听，这种沉默中，教师应持有接纳与温暖的沉默，而不是冷漠的表情。

(2) 进行清晰的内容反映

内容反映是指教师准确地对学生所说的内容进行反映或复核，它多半不会用于改变、修改或者添加学生所讲的内容，也并非将学生所讲的一切都进行二次的复核，而是重述学生信息的核心内容，不包括任何的评价成分，其主要目的也仅仅是在于：帮助学生知道教师准确地听到了他们所表述的核心内容，也愿意为学生提供他们所需要的帮助。

(3) 积极地对待学生

美国教育心理学家古诺特博士曾对自己的教师工作进行过这样的总结："在从事了多年的教师工作之后，我获得了一个使人惶恐与惊讶的结论：教育是成功还是失败，'我'是决定性的因素，我个人所采用的方法与我每日的情绪，是造成学习气氛与情境的主要因素。身为教师，我具有极大的力量，能够让孩子们活得愉快或者悲惨，我可以是制造痛苦的工具，也可以是启发灵感的媒介，我可以让人丢脸、令人开心，能伤人，也能救人。"

从事教师职业的人都会拥有这样的体会：当我们一脸阳光地走入教室时，学生们的心情便会非常舒展、非常轻松，但是，一旦我们一脸怒气地接近他们时，学生们便会噤若寒蝉，生怕自己会成为老师发泄愤怒的出口；在课堂上，我们若是以热情的语气对孩子们进行肯定，以赞赏的眼光激励孩子，他们的心里便会充满了幸福与喜悦，并会表现得非常兴奋；但是，一旦我们指责、嘲讽与挖苦学生，则无疑是在给他们心灵的天空蒙上一片沉重的乌云。由此可知，积极地对待学生，学生才会更积极地汲取知识、才会更乐于去接受、去欣赏教师。

9. 有德：欣赏是一种分辨是非、善恶的能力

爱因斯坦曾言："能让学生对教师产生尊重的唯一所在就是，教师的本身所具有的德与才。"相对于"才"而言，若是仅仅就简单的教授知识，那充其量只能算得上是个"教者"，想要为人"师"，优秀的教师不仅仅需要精湛的专业知识，更重要的是，教育与教导学生如何去做人。

教育的核心是爱，有了爱就有了善良、仁义、谦虚……所以，有爱心的人一定是品行敦厚的人。教育的目标就是培养爱心，教育教人向善，教师的工作就是把爱传出去。

要把爱传出去，让学生拥有爱心，教师首先要有爱心。爱自己的孩子是人，爱别人的孩子是神。教师职业的崇高就在于教师是最无私的爱别人孩子。而且教师的爱是源源不断的活水，从心泉中淌出来，流向每一个学生。

要把爱传出去，教师光有爱心是不够的，还要有把爱传出去的技巧。要尽可能地让我们的学生生活在爱的环境中——爱心班级、爱心学校、爱心家庭……不仅让学生感受到老师的爱，还要让学生感受到同学的爱、父母的爱、集体的爱、社会的爱……用爱培养爱，用爱心孕育爱心。

如教师钟华在《我爱我家》这一单元中，通过在我校开展"小手拉大手，让爱住我家"系列活动，让孩子在活动中感受长辈的爱。在课前她安排了家校互动调查问卷，使孩子们知道了自己的成长离不开父母长辈无微不至的关怀；课上，把孩子们课前采集的家长操持家务、照顾他们生活起居的照片或录像制作成视频课件，进一步让他们感受长辈的疼爱；课后，又安排了"为家人做一件事"课堂教学延伸活动，让孩子体验我是家里的一员，用实际行动让长辈感受到子女们感恩的心。在课后活动交流反馈中，孩子们说出了一句句感人肺腑的话。"家长每天给我洗衣服，很辛苦，所以我要听他们的话。""衣服很难叠整齐，但是我一定要学会，这样就能让妈妈不那么辛苦了。"……最后钟老师建议学生把这些感受写在"爱心卡"上，并念给家长们听。整个课程的设置始终围绕"感受爱——说出爱——付出爱"这一主线，使学生、家长都得到了爱的洗礼，受到了爱的教育，学会了体验他人的爱，传达自己的爱。

学校是每一个学生的学习、成长之地，他们接触最多的人莫过于教师，以身作则是教师职业品德的重要内容，同时也是教师教育力量的重要所在。教师的工作是艺术，是科学，不能板着面孔说我爱你，也不能端着师道尊严的架子对孩子说怎样去爱。而是应该和风细雨、润物无声，从而让孩子感到自我成长、追求自我教育的至高境界。

为人师表，向学生传授知识的同时也教育学生做人。可以说，教师的一言一行、政治态度、思想作风、道德品质与治学精神、行为习惯都会对学生产生极深的影响。在学生身上，我们往往能够看到教师的"影子"。教师对于学生的影响是否有效，不仅取决于他的言教，同时更取决于他的身教，唯有严于律己，方能以身作则，方能让学生从自己身上学会分辨是非、善恶的能力。

想要让自己成为一个有德的教师，就必须从以下几个方面入手，对自我进行严格的要求：

(1) 教师应弄懂自己为何而"教"

传统粗放型的教育模式之下，高校教师多半会蜕变成流水线上从事机械劳动的"工人"，而这种教育向学生灌输的也仅仅是知识与技能而已，这样的教育早已脱离了教育的本义，它并不能算是真正的教育，而仅仅是教育适应社会的一个功能而已。但事实上，教育的另一个更为重要的功能在于，造就自由、全面发展的个人，改造与超越现存社会的落后状况。因此，作为以培养人才为己任的教师，更应明白教育的重要本质所在。

在中国古典名著中，《中庸》开篇明示"何为教"，并指出："天命之谓性，率性之谓道，修道之谓为教。"由此可见，引导学生明白"人之为人"方是"大道"，并通过强化自我修养，在生活世界中不断地体验与落实此类"大道"，方是教育的真正意义所在。这便要求身为老师的我们在教育过程中，教给学生“何为善恶”、“是非何在”，使欣赏教育在强调“德与才”的双重标准之下齐头并进。

(2) 在向他人学习的过程中，以个性影响个性

捷克著名教育家夸美纽斯曾经说过：“除了智者，任何人都不能令他人成为智者；除了能言善辩者，任何人都不可能令他人成为能言善辩者；除了道德与虔诚的宗教信仰者，任何人都无法令他人成为有道德与虔诚的宗教信仰者。”因此，教育他人的教师，首先自己必须要接受相应的教育，让自己在专业、在德行、在思想上皆有出色之处，同时还要向他人进行学习：只要对方在为人处事、思想观念与修身实践方面能够胜过自己，不管其身份、地位、年龄与其他外在条件如何，教师都应以对方为榜样，不断地向他人学习、不断地提升自己。

除此以外，教师必须要做到尊重学生个性的同时，保持自己的个性，达到“以个性影响个性”的目的，不断地发挥自我人格影响力量与榜样示范效应，在言行方面，使自己成为学生学习的榜样，并最终赢得学生与社会的尊重、使欣赏教育得以顺利在德行的引导下获得实施。

(3) 保持三种德行意识

德行包含三种意识：

·生命意识

生命意识即人类善良、同情、怜悯等优秀品德的基础，它是个体生命对自身拥有清醒的认识，并将这种认识“推而广之”地扩展到认识生命、珍惜生命、敬畏生命、欣赏生命之中。从其外延与内涵来看，生命意识应该包括两个方面：

主体生命意识，即主体可以关爱自己；

客体生命意识，即主体需要去关爱他人。

生命意识对于教师的生命发展具有重要的作用，它可以帮助教师有意识地对自己的生命发展方向进行有意识的控制，从而不断地追求、创造与自我超越，并在自我实现中进一步感受到自身的价值与意义。可以说，教育本身就是一份充满了人道主义的工作，这种工作需要教师在面对孩子时，抱有生命意识，而欣赏教育的实施与贯彻，更需要生命意识的存在、需要教师去关爱生命。我校提出了“以人为本”的办学理念，这种“以人为本”就是一种对生命的尊重与推崇。

·自律意识

自律即进行自我教育、自我约束、自我管理与自我控制，为人师者，必须要拥有自律意识，方能让自己在无意间的言行不至于对学生造成负面的影响。

自律总是与良好的自制力在一起，失去了自制力，自律便无从谈起。培养自制力，主要在于做事与实践。教师的自律，就是在教育过程中，控制自我不良行为与情绪，尽力引导学生向着好的方向发展，尽力让学生在教育过程中，感受到积极、快乐的一面，而不是负面的、消极的影响。只有在自律中，教师方能够体会到自我职业所带来的成功与幸福，只有成功与幸福的教师，方能培养出成功与幸福的学生。

另一方面，教师的自律也需要反省进行辅助。反省是对自我思想进行整理的最有效手段，同时也是最好的方法。作为一名教师，我们需要时时、事事进行反思，而提高自我行为修养，更是离不开反省。其实，反省就是在日常的教育过程中，对自己的行为进行深入的检查与盘点，以做到“慎独”。

·积极的价值意识

价值意识即个体关于职业行为在职业环境中所获得的某种结果的具体价值判断，可以说，个人价值意识如何，将会直接影响个体行为的走向。由此不难理解，教师价值意识对于个人德行的影响。

在当代社会中，各种价值意识纷纷形成自我体系，而那些负面的价值意识，如拜金主义、功利主义、唯利是图等，对某些教师造成了一定的负面影响。在欣赏教育的具体实施过程中，这些负面的价值意识不仅会让教师无法专注于自我教育，更对欣赏教育的展开极为不利。教师不必成为“道德标兵”，但是，自我拥有正直、健康的价值意识，对于学生的教育、欣赏行为的展开，无疑拥有着积极的作用。

另一方面，社会在不断地发展，教育环境也在不断地进步。在不同的时代中，教师所扮演的社会角色也在不断地调整。在农业社会中，教师因为处于“传道授业解惑”的角度下，而被捧上了神坛；在工业社会中，教师身为知识、技能等谋生手段的象征，而被人们敬畏；在信息社会中，教师不仅仅是学生的学习伙伴，同时也是学生精神成长的守护者。

时代在不断地发展、社会在前进中变革，而欣赏教育对于教师的要求也处于不断地变化中，但是，无论如何，教师身上所肩负的振兴国家、民族的光荣使命并未发生变化，而如何在以上九大表现师爱的行动中，使教师的行为进一步获得社会、学校的认可，并对学生的成长、发展产生积极的意义，对于教师本人、学校组织都是一个严峻的考验，同时也是需要我们在欣赏教育的实施、展开过程中，需要不断去探索的问题。

史家小学通

第五章 欣赏教育的基本方法

所有的教育者都期望自己的学生能够成为好孩子，欣赏教育的基本立意即从让孩子获得成长信心的基础上，使教育方法获得新的活力。但这种欣赏并非纵容，教育只有通过富有个性化、人本化的各种方法去理解孩子、尊重孩子、指导孩子，才能激励其求知欲与上进心，达到教育的预期目的。本章主要讲述了一些在欣赏教育的具体操作过程中行之有效的方法与建议，在进行学习时，教育者应从孩子的个性、特征出发，塑造宽松的育人环境，帮助孩子实现健康成长。

1. *激励*

欣赏能使人产生一种轻松、愉快和满足感，人的心灵也会在不知不觉中得到净化与调适。欣赏能够激发人的自信、启迪人的心灵，有如春雨润物无声，却有着意想不到的效果。对于每一个学生来说，就是发现他的每一点微小的优点并加以鼓励，让孩子的每一点努力都能得到肯定，让孩子通过他的每一点进步都能体会到成就感和满足感，由此以小及大，带动学生的全面发展，让学生能够自主、自愿、快乐地学习。作为教师，我们应在承认每一个学生都有自我存在价值的前提之下，通过恰当的尊重、关心与激励，唤醒学生“心中的巨人”，同时，恰如其分地运用好“激励”的艺术，不断地引导孩子前进。

周轶双老师的班上有位陈同学，他的反应较慢，刚开学的时候成绩并不理想，字写得更是没法看，渐渐失去自信，周老师眼看着他一步步向学困生的境地滑去，心里很着急。

转机出现在一次课后托管的时候。那天他在学校写完了作业拿给老师看，其中，“我”字写得十分不像样，于是周老师便单独教他“我”字的写法。他每写一个，周老师便点评一下，哪一笔写得有进步，哪一笔还需要注意，就这一个字，从四点钟一直教到五点半，到放学的时候，虽然写得还是不成样子，但是他的认真让老师十分满意。周老师对他说，“你真认真，像这样努力下去，很快你就是最好的，老师相信你。”当天晚上他的父亲和我联系，说孩子到家后特别高兴，自己也觉得自己的字写得好看多了。

此时，周老师也意识到，这是个机会，于是，第二天，她就在班里当众表扬并肯定了陈同学的认真努力，他的家庭作业周老师也看得格外认真，每个写得好的字她都圈出来，每一笔不太好的也都圈出来，并且在田字格中规矩的写上每天的评语：“你真认真，请继续努力。”“今天的作业又有进步了，老师相信你很快就会是最好的。”“今天的作业写得真好。”等。

慢慢地，他的字越写越好，信心也越来越足。此后周老师对他提高了要求，巧妙地加大了练习量：“你能在每天写完作业后自己给自己写个评语吗？你说你今天的作业写得特别认真，老师就相信你。”两个月过去，他的字慢慢从六、七十分提高到九十多分，到学期末的时候，他的字已经常常得满分了，成为了班里写字最好的几个学生之一，期末考试也考出了98分的好成绩。

周老师对学生的汉字单独辅导只有那一次，效果并不明显，然而周老师每天简单的几句评语几句鼓励却起到了意想不到的效果。我想这意义就在于“以小带大”——从小处入手的夸奖，带动起了学生自主自愿学习的兴趣，这是其他任何教导都不能替代的。

如何激励学生，使其发挥出自我潜能？通过本校的欣赏教育实践，我们认为，可从以下几个方面入手进行考虑：

(1) 发掘孩子优点

世界上不存在十全十美的人，也没有一无是处的人，学生也是如此，他们都拥有值得成人去赞赏的一面，同样，也会或多或少地存在这样或那样的弱点。可是，多半的教师只会欣赏学生好的一面，却忽视他们的弱点，同时，这种欣赏也多半会实施于那些成绩优秀、表现良好的学生身上。在面对那些成绩差的学生时，却表现得兴趣了了。殊不知，只要我们换个角度重视对那些“差生”进行审视，对其不良行为产生的原因进行研究，找出对方值得我们去欣赏的地方，我们就会发现，他们也有着不可忽视的优点：或是个人劳动能力很强，或是乐于助人，或是动手能力极强……由此可知，只要用心观察，就算是所谓的以分数来评价好坏的“差生”也会变得可爱的。

当教师使用欣赏的目光去看待他们时，“差生”马上便会从中感受到教师的注意，同时，周围的同学也会以友好的态度去帮助他们，从而使他们内在的学习欲望得以激发。而用欣赏的目光看待每一位学生，不断地发掘孩子身上所存在的种种优点，不仅可以使这种欣赏行为变成学生学习的内部诱因，同时也可以进一步促使它成为改善师生关系的催化剂。

中国古语中也曾言道：“人无完人，金无足赤。”这些都说明了每一个人都是优点与缺点并存的共同体，因而，在教学过程中，我们不能带着有色眼光去看待那些成绩参差不齐的学生，而是应该在教学过程中，不断地挖掘学生的优点，同时加以强化，使学生意识到自己的长处，让学生感受到教师对他的欣赏与关注，这样，不仅有利于激发学生的自尊心，从而引起学生的学习兴趣，学生也会因此而在学习中获得自信，占据学习的主动性。这种微小的进步，可以是一次勇敢的发言，也可以是一次完美的作业，事无大小，关键在于教师的看法与态度是否能够做到欣赏。

（2）与孩子一起分享

分享意识是个体与他人共同享用某种资源的意识，是幼儿之间团结、友爱、相互关心、欣赏他人的更高层次的品质表现。可以说，分享是现代人应该具备的重要素质，但是，在当下的教学环境中，孩子们的分享意识明显不足。这便需要教师通过主动的方式，与孩子一起分享，以帮助孩子建立起与他人一起分享的意识，并让孩子能够从教师的反应中看到，分享是一种快乐，同时也是一种与他人相处时的必要行为。

孩子们的成长过程其实就是一个模仿周围环境的过程，而教师与同伴就是孩子们学习的榜样，这种榜样包括反面的，当然也包括了正面的。在孩子的心目中，教师身为知识的传授者，显得极为神圣，也正是因为如此，教师的一言一行与情感态度往往会对孩子的发展产生潜移默化的作用。因此，在平日的生活、活动中，教师应树立起榜样，如与孩子一起讲一下自己的成长故事，和孩子一起，进行生活中有趣事件的分享，与他们聊一下近期自己在教学、学习中遇到的事情……这些都是教师的分享行为，也许教师所讲述的事情并不大，但是却能够让孩子意识到，老师在与他们进行情感上的交流，同时也在和他们分享自己的故事。在随后的教育过程中，孩子们就会有意识地愿意与老师、同学进行自我成长故事、经验的分享。

同样，同伴间的榜样作用也不可缺失，教师可以对那些有分享行为的孩子进行表扬，并将他们分享的内容、事件进行宣传，从而树立起孩子们学习的典型，以供其他孩子学习，教师再针对性地做出积极的评价与鼓励，这样，就会激发其他孩子想要学习与模仿的欲望，而受到表扬的孩子，也会获得行为上的强化与心灵上的愉快体验，从而激发起自我再次分享的愿望。

(3) 把握每一个能够正确夸奖的瞬间

欣赏教育以强调有针对性“鼓励性评价为主”，其目的在于唤起孩子们的自信，进一步激发起孩子们参与学习的欲望，进而促进学生的发展。但是，若是教师在每一次的碰面、每一节课中，从头到尾都在使用赞扬之词，赞语的使用频率过高的话，便很容易使赞誉失去效果，特别是“真好”、“了不起”、“你真棒”一类的宽泛型的赞誉，更是应慎重地采用。

教师的赞扬应讲究场合，更应合乎时宜，同时还要正确地把握每一个能够正确夸奖的瞬间，学生有进步时，要及时进行表扬。平时表扬学生，什么时候口头表扬，什么时候当众赞赏，什么时候进行个别鼓励，什么情况下进行奖励，教师都应心中有数。

因此，赞扬的结果在于相机行事，如果当学生回答问题的确值得鼓励的时候，不失时机地给予学生进行赞扬，可以更好地调动学生在课堂上学习的参与性，使学生真正地成为学习的主体；在学生拥有小进步时进行夸奖，可以让他们感受到，自己的进步获得了他人的认可，从而更愿意主动地参与到学习的过程中去。

作为教师，在一个时期内，应该重点表扬什么，也应做到心中有数，比如，在一段时间里，纪律有些松懈时，便特别抓住那些遵守纪律的典型事例进行赞扬；如果班上的浪费现象普遍的话，就重点对那些勤俭节约的同学进行表扬；学生的字普遍写得不太美观，可以表扬那些作业写得漂亮的学生，等等。

及时而准确地把握每一个能够正确夸奖孩子的瞬间，可以让孩子们感受到，老师时时刻刻都在关注着他，这种夸奖可以避免出现“时过境迁”或是“机不对时”，因为过时的表扬与不恰当的表扬都会使表扬的作用减弱。

2. **信任**

每个孩子都希望得到别人尊重和得到别人欣赏。这也是我们每一个人人性中最本质的追求。在欣赏教育中选择信任，总是能达到事半功倍的教育目的。

刘莎老师曾经在教师周会上介绍了自己在欣赏教育过程是如何实施信任的：

我班有位小同学叫韩××，刚开学的时候由于总是能不用老师提醒就坐好而受到表扬。我还因此觉得这是名听话认真的优秀生。上了一个月课下来，听数学高老师说他上课从来不举手回答问题，问什么也都不吭声，仅仅是课上能不调皮，好好的坐在座位上。好不容易回答出两个字还听不清楚，声音小得可怜。他的成绩也是班中倒着数。通过跟他家长沟通了一下，了解到家长眼中的他却是个非常聪明，跟陌生人也能聊天的孩子，虽然有点内向，更多的就是胆小。于是我就从上课大声回答问题开始树立孩子的自信心。

每次他回答问题，我都要他大声地回答后再坐下，然后告诉他：“你真棒，你也可以大声回答问题，老师就喜欢这样的学生。”当然，我也这样要求每一个孩子。尤其是开火车回答问题，慢慢地到他这就不用我提醒他也能大声回答问题了。每次听到他洪亮的回答声，我都会用不同的表扬方式去鼓励他。

往往小孩子对老师都会有畏惧感，更何况他是个胆小的孩子。我就利用午饭后孩子们玩的时间与之交流。直接地问，“你怕我吗?”他不做声。我用朋友间的谈话语气与他沟通。告诉他我们是朋友，有什么事情要说话。还告诉他，你要相信自己，相信老师。我们是朋友！你能行！后来看到他的作业，哎……那拼音写的是又脏又乱又难看。我又利用一些时间单独指导他，并告诉他不要怕写不好，你真的能把字写好。指导过一次，后来再看他的拼音，跟原来写的真的是判若两人啊！不看本皮上的名字我真的不知道这是班中谁的字。这样的进步还没有停止。学汉字开始他的成绩依然不是很理想。我又跟他的家长沟通了一下，在家也要好好鼓励孩子。他不胆小，要多锻炼他。在我和家长的鼓励配合下，他的成绩也真是直线上升，而且很稳定。课堂表现的进步也越来越让我吃惊。慢慢地他能举手回答老师问题了。这样的变化真的让我吃惊。不光是语文课，副班主任吕老师常常表扬他说他进步很大，性格越来越开朗了。

好孩子是夸出来的，更是信任出来的，欣赏与信任使一个孩子在4个月中突飞猛进的变化。也能使更多的人树立自信，大踏步前进。信任的行为让欣赏教育告别了口头的赞赏，而是用行动与真心来表示了教师对孩子的认可。这种信任让孩子感受到了自我的能力，同时更感受到了来自于教师的认可，更多的是让他学会了欣赏自己。欣赏学生是一种境界和美德，是一种沙里淘金发现绿洲的快乐。

由此可见，信任是欣赏教育中的重中之重，原因很简单：在学生表现出优点时，信任多半很容易做到，但是，在学生表现出不尽如人意的地方时，教师往往会感觉到失望，从而失去信任的原动力。其实，后者更需要成人的支持，方能恢复起成长的自信。如何在欣赏教育的过程中，让自己有效地实施信任行为，使学生感受到来自于成人的欣赏，同时将其内化为成长的动力，是教师需要深入学习的重要欣赏方法。

(1) 只问播种，别问收获

只问播种，不问收获，这与孩子的成长规律相符合，孩子天生不喜欢被压迫，若是父母太过于看重收获，便会在某种程度上使孩子的积极性受到压抑。“要怎么收获，先怎么栽种。”这是胡适先生曾经说过的一句话，同样，对于教师而言，只有自我做好了前期的教育工作，学生在日后方有可能模仿、继承教育活动中的欣赏行为，并在自我生活与学习中，将这种欣赏行为进一步扩大化。

(2) 以学生为自豪

欣赏教育中肯定了学生所蕴藏的巨大潜能，但同时又指出了学生脆弱的内心。前者需要恰当的引导方能正常发挥，后者则有可能让孩子产生自卑心理。若在教育过程中，教师能够表现出以学生为自豪的心理，学生便会更愿意去鼓起勇气去面对自己的缺点与困难。以孩子为自豪，指的是在教育过程中，不单纯地以孩子的成绩为标准来实施评价，更不因孩子的缺点而歧视、放弃他们，而是尽力去发掘孩子身上的每一个微小优势，并将这些优势进一步升华，使其成为开启孩子潜能的重要所在。

(3) 相信学生的能力

教育过程是师生间通过交流促进彼此发展的具体互动过程，因此，教育的本质是交往。交往中，承认教师与学生都是拥有着独立人格与价值的人，两者方能在人格上实现平等，实现这种平等的基础就是相信学生的能力，并通过恰当的信息交流，实现师生间的良好互动与相互沟通与影响，从而达成共识、共进与共享。这是教育相长的真谛，同时也是欣赏教育共同体得以形成的基石。

所以，在教育教学过程中，我们应相信学生有学习与创新的能力，同时，要敢于、善于将机会让给学生。教师应从讲台上走下来，俯身参与学生的生活，平等地参与学生的研究，同时，更要将探究的机会让给学生，让学生充分地呈现出自己学习的过程。相信学生的能力并将机会让给学生的教学将不再是简单的传授知识，而是追求以每一个学生都会认识、都懂得欣赏自己，发挥自我能力并进而学着去认可他人、去承认他人优秀之处为主要目标的欣赏式教学。

3. **提醒**

欣赏教育中的提醒主要包括了三个方面：对错误行为的批评、对孩子成长过程中所遇到问题的解决、制度的提示。

洋洋是全校出了名的捣蛋大王，上课从不认真听讲，不是搞小动作就是捣乱别人，要么就大声说些与课堂无关的话，任课老师都为他犯愁，而数学教师代老师的说教每天不知多少次都无济于事。可这几天上课过程中，代老师却发现他老实了许多，不但能坐好听讲，偶尔还举手回答问题。

到底是什么原因呢？下课后，代老师迫不及待地把洋洋拉到一边，仔细地盘问起来，他这才羞答答道出了原委："老师，你不是没收了我的手表吗，答应我表现好了就还给我。"经他这一说，代老师想起了前几天的一节课上，自己正用心地讲课，一闪眼，看见坐在教室后边的洋洋同学正低头聚精会神地玩着一个东西，还高兴地叫他的同桌一起看。

代老师不时地看他一眼，想在他抬头时通过眼神提醒他认真听讲。可是她看了三次、四次，洋洋仿佛全身心地投入到他的玩具中，丝毫没有察觉。代老师实在忍不住了，三步并作两步走过去，发现他正入迷地玩着一个小手表。老师二话没说，没收了他的玩具，随口说了一句，先放我这保管，你什么时候表现好了再还你。说完了就完了，她早忘了。

没想到这次洋洋居然为了一个玩具手表改变自己，这是代老师始料未及的。代老师轻轻地拉着他的手，郑重向他承诺："老师会和你一样说到做到，不让你失望的。"他心满意足地笑了，不仅是对即将得手的手表的憧憬，更多的是对自己得到了许久的赞许的喜悦。

下午洋洋就如一只欢乐的小鸟，一会儿告诉老师他把教室的地扫了，一会儿告诉老师他把教室里的桌子摆齐了，上课也能老老实实地坐着，他完全变了一个人，现在他已完全把代老师当作可以信赖的人，最终他以自己的进步赢得了本该属于他的手表。

可几天后，他的某些坏习惯又开始抬头了。回头看，有那个手表牵引的日子他可不是这样的呀！代老师更加关注他的日常行为，贪玩，不爱学习，看上去大大咧咧，上课也难以自控，于是就有了后来一个手表故事的再版。

与开始不同的是，洋洋每一次进步的步子跨大了，延续的时间也变长了，没收与发放的游戏在代老师与洋洋之间进行着，每当代老师走到他面前，洋洋都会自觉地交出手中不该有的东西，并会不好意思地低下头，他知道，老师这么做，是帮他一起改掉无法自控的坏习惯。

有人说，转变一个差生，远比培养出一个优秀学生来得伟大，因为那才是功德无量的事情。不经意的一个举动，也许就是教育的柳暗花明之时。"没收"是我们老师常用的一种教育手段。但是对大部分教师而言，只是作为维持纪律的一种简单的行为。他的教育意义有多大，也许从来没考虑过。教育方法因人而异，当没收在一个差生身上奏效的时候，让我们看到了没收后的价值，是因没收而进行的改变，因没收而取得的进步。由于有这样的进步，作为教师的我们就要及时给予肯定和赞赏，欣赏他们因此而取得的进步，更要重视不同提醒在欣赏教育中所起到的作用。

在通过长时间的欣赏教育现实实施之后，我们发现，以下技巧可以有效地对孩子起到较好的提醒作用：

(1) 恰当地批评

欣赏教育所体现的是一种崭新的教育理念，对于挖掘学生多方面的潜能、培养健康人格具有极为重要的意义，但是，新生事物的成长难免会遇到问题，现在，有些教师对于欣赏教育的认识比较片面，出现了对学生只表扬、不批评的、矫枉过正的现象。

欣赏教育，其关键在于，不断地发现每一位学生的闪光点，对每一位学生的成长都抱有乐观而坚定的态度，它所关涉的，是对教育理念进行刷新的大问题，是传统的师生、亲子关系的重新定位，而绝不应仅仅拘泥于表面化的表扬与批评，实际上，欣赏教育非但不排斥批评，而且还认可适度的、合理的批评本身就属于鼓励的一种，因而，它也应是完全可以被孩子们所接受的。

正处于成长期的孩子们总是难免会犯下错误，此时，再一味地进行“欣赏”便是错误的举动了，我们必须要让学生为自己的错误负责，值日不认真，就应让孩子重新来过；作业无法及时完成，就不能与他人一样，参与到课外活动的过程中；做了与集体利益有损的事情，就应该承担相应的后果……只有让孩子为自己的一言一行都负起责任、尽可能地将“坏事”变成“好事”，方能让他们从自己的作为中学会明辨是非。

而在此过程中，学生通过认识自己的错误，并予以改正，有利于责任感的培养，若是一味地“欣赏”却不敢提出批评与惩罚，只会使学生的认识被扭曲，同时更是对学生的不负责。不过，欣赏教育中的批评需要一定的技巧：

·正确地批评需要了解学生的个性差异

因为学生所处家庭、社会环境各有不同，其生活经历也大不一样，所以，他们的气质与性格也有异同，而自我性格的差异，决定他在面对批评时的具体态度差异。

·进一步明确批评类型，是选择批评方式的关键所在

仅就批评所采用的具体方法来分，批评可以分为行为暗示、言辞说服、表扬反衬与谈心等几种形式。对于一些不适合公开指出或时机不对，有损孩子自尊心的事件，可以使用行为暗示、表扬反衬；对于那些严重的错误，教师则应在私下

采用言辞说服，进行思想沟通，以让孩子充分地认识到自己的错误与教师的善良用心。谈心式批评在欣赏教育中是应用最广泛、应用几率最高的，这样的批评，可以使学生心悦诚服，同时也能够使学生更心悦诚服地接受老师的意见与看法。

·因人择时地进行批评教育方法的选择

对于自暴自弃或是内心有自卑感的学生，教师不应一味地采取孤立与打击的批评方式，而是应通过暗示、表扬等反衬的方式进行提醒。

对自尊心过强、有自大心理的学生，教师应在给予肯定的同时，为其设置一些有难度的问题，让他进行回答或者演练，使他在成败之中，看到自己的缺点与不足，以求他在日后能够更加虚心地进行知识的学习。

对于“吃软不吃硬”或者性格倔强的学生，教师应力争做到心平气和，避免与对方顶撞，多使用个别谈心的方式；对于“吃硬不吃软”或者过度轻浮的学生，就不能过分宽容或者姑息迁就，而是应及时提出自我意见。

欣赏教育中的批评不仅要采用正确的方式，同时还要兼顾到孩子们脆弱的自尊心与如何激励起他们的信任，使他们在批评中成长、在批评中获得新的认知。

⑵ 分担孩子成长中遇到的问题，共同面对问题，解决问题

成长中的孩子，不管是在家庭中还是在学校里，都会或多或少地遇到一些问题，当孩子遇到了问题时，教师若是不及时去了解孩子的烦恼，不去积极地帮助孩子克服烦恼，轻者会对孩子的心理产生不良的影响，重者则会使孩子走入极端之中。孩子的心灵是脆弱的，当他们的美好愿望与现实产生了矛盾的时候，就会产生烦恼。作为教师，在帮助孩子克服烦恼时可以这样做：

·多与孩子进行沟通

教师应多与孩子进行接触、沟通，创设出良好的班级、学校民主氛围，使孩子有发表自我意见的机会，使他们能够建立起自我主见。只要做到了这些，当孩子有烦恼时，他们就会乐于讲给父母、老师听，让父母及老师帮助自己来解决、来克服。

·多对孩子的烦恼进行关注

一般人遇到了麻烦都会期望与亲近的人进行倾诉，一旦烦恼与他人分担，便会仿佛减轻了许多。因此，即使是很小的孩子，他们也会有自己的挫折、失败或者一些不愉快的经历。与朋友闹了别扭、被家长批评了、被同学排斥了、成绩考得不好了……这些成年人看起来鸡毛蒜皮的小事，对于他们来说，却有着至关重要的影响。他们需要找人进行倾诉，需要对自我不满情绪进行宣泄。作为教师，

平日里应多与孩子们进行沟通、交流，在发现哪个孩子有了烦恼之后，应与之进行面对面的交流。这种交流不是要让教师对孩子进行说教，而是要让教师倾听孩子，让孩子能够将自己的心情尽情地表达出来。家长在倾听孩子讲话的时候，还可以不时地利用自己的语言，将所听的话重新进行表达，向孩子表明，自己已经理解了他所说的话。

虽然这种谈话并不能让孩子的失望与伤痛一下子都消除掉，但是却可以使孩子感受到，老师与自己处于一个平等的地位上，并在不断地关心与注视着自己。而另一方面，这种先表示理解、接纳，后进行疏导的方法，也可以使老师及时地发现孩子的片面看法与错误观点，从而使孩子获得新的成长机会。

·教给孩子克服烦恼的方法

倾听孩子的烦恼只是与孩子进行沟通，而教师在沟通中所面对的另一任务，是引导孩子如何面对烦恼、如何克服烦恼；

教孩子学会倾诉烦恼：告诉孩子，有了烦恼之后，不要闷在心里，而是应学会倾诉自己的烦恼，帮助孩子认识、悦纳自己，避免长时间积聚烦恼，产生悔恨、紧张与绝望等情绪；

教孩子如何进行自我放松：告诉孩子，有了烦恼，他可以与他所喜欢的教师聊一聊，可以做一些自己感兴趣的事情冲淡烦恼，如看书、进行室外运动、听音乐等。

同时，教师也应将这一系列的、帮助孩子解决问题的方法，与有烦恼的孩子的家长进行交流、沟通，以使双方能够保持在对待孩子问题方式上的协同，并共同寻找出最有利于孩子成长的、最能够帮助孩子排解问题的有效方法。

(3) 温馨的制度

学生在学校的学习生活离不开制度的规范，建立起温馨的制度文化——特别是班级制度，具有重要的价值导向作用，它提供了评定品格行为的内在尺度，同时也会时时警醒学生，对自己的行为进行约束，它是孩子成长文化中不可或缺的一部分。这些制度的存在，可以使正处于成长中的孩子处于一个良好的文化环境氛围中，有利于对其形成提醒。

·制定班规班纪——民主协商

如何把制度变成学生认同的价值，是形成温馨教学环境的有机组成部分。在建设班级文化的过程中，学校要根据每个班级的实际情况，结合学校的文化建设要求，与孩子一起，商量、制定出恰当的制度要求，同时在执行的过程中，进行不断地完善与修正。如，在行为规范训练中，我们采取了“学生行为互相评、班级规则集体定”等方法，在制定班级制度时，做到民主协商，尽可能地使全班中的每一位同学都可以参与其中。

·制度中有明确的目标——共同寻找出合理的目标

温馨的制度中必然会有大家共同认同的目标，温馨的班集体，需要班级成员的精心呵护，同时更需要大家拥有一个共同的行为处事准则来协商。各班应根据自己的实际情况，抓住其中的某一点，在班级学生集思广益的基础上，进一步提出细化目标。

·针对制度进行个人行为的评价——鼓励孩子做自己的裁判

想要让原本充满了严厉味道的制度成为孩子们所热爱的、积极参与的温馨制度，教师便要引导孩子们积极地参与到相关的行为考核中，请孩子们互相评价，让他们以孩子的目光去打量彼此的长处与缺点，通过同龄人间的交流，孩子们往往能够获得更直观的错误与正确行为的认知：以营造我的优点大家说，努力方向自己定的教育氛围。

没有规矩，不成方圆，但是规矩若是过于严厉与苛刻的话，便会使孩子们望之生畏，温馨制度的形成需要人性化的设计来进行支撑，更需要教师在其中所进行的积极引导。因此，教师是否能够形成正确的认识，是温馨制度得以形成的基本保障。

4. 审视

在我校实施欣赏教育的过程中，老师对自我欣赏教育往往会有不同的反思与审视。池水清老师对自己的审视，便是针对自己在授课过程中的欣赏教育进行反思的典型。

学校领导听课，我上的是《小白兔和小灰兔》一课，课上充分读文后我问了一个问题，“你们更喜欢小白兔还是更喜欢小灰兔呀?”

很多孩子分别发言表示“我更喜欢小白兔，因为小白兔喜欢自己劳动，它更勤劳。”“我也喜欢小白兔，它用自己的劳动得到白菜。”……孩子们纷纷发表着自己的看法。这时，我忽然听到了一个不同的声音。“我喜欢小灰兔，因为小灰兔不像小白兔那么事多，人家给你白菜你就拿着呗，还跟人家要菜籽，那么多事。”我引导他：“那你知道他要菜籽干什么吗?”“想自己种。”“为什么要自己种呢？它的想法你通过继续学习会明白的。”接着，我们一起往下学习，学到小白兔说：“只有自己种，才有吃不完的菜。”孩子们纷纷说自己对这句话的理解，他也说："自己会种了，才能等白菜收完了继续种，才能一直有菜吃。"这课堂上小小的插曲，使我也有了更深刻的认识。

面对课上的小插曲，用教育的智慧来引导孩子。作为一名教师面对的是各种各样的孩子，每个孩子都是一本书，都是一个多彩的世界，他需要我们仔细地研读，需要我们走进他的世界去认识他们、了解他们，正确地引导他们，用教师丰富的情感去感染他们，让每一个孩子从小都有一个健康向上的心灵。

面对孩子的错误，教师要春风化雨细无声。一年级的孩子们，即使犯错误，有时也是无心之过，一味地指责批评，只会和孩子们的心拉得越来越远，因此，他需要我们教师用自己的智慧来引导孩子，让孩子们在课堂上能正确地认识事物，认识世界，让犯错的孩子在教学情境中自己认识、悄悄改正，这样既保护了孩子的自尊，又调动了其他孩子学习的积极性，真正做到春风化雨细无声。

对于一个教师来说，反思是促进其自身专业化水平自觉提升的重要途径，反思可以使教育不断地明确自我教育方向与教育目标，同时，更加科学而理性地对自己的教育计划实施，并不断地总结、提炼与升华自己的教育实践，最终成功地走向成熟。

(1) 反思自我教育方式

教师在欣赏教育活动中的反思，是为了发现问题、提升自我修养、进一步完善自我为人、为事、为学之道而进行的。在反思自我教育时，教师应首先做到以下几点：

·反思必须要拥有一个参照的标准

如果连正确与错误、背离与趋势都无法分清的话，是不可能拥有真正的反思活动的。在教育专业生活中的反思，其参照标准应是专业领域中特有的价值观念、行为规范。作为教师，应该明白，教育领域中具有哪些行为规范，自己所实施的教育行为中，哪些是正确的，哪些是不合理的；哪些教育行为是有效的，应如何将之持之以恒，哪些教育行为是错误的，应如何在日后进行规避。

·反思自己的教育理念

所谓理念，即理论与观念，教师的所有教育行为都应该建立在一定的理念基础之上。所谓有理念，就是对自己的策略选择与行为方式可以清晰地进行理念解释与行为描述，可以针对"为什么"来进行阐述。同时，针对自己在教学活动中所出现的问题，说出教学过程中处理具体教育问题的思维方式。理念的掌握与思想的形成，不仅仅是通过培训或是被人教授获得的，更主要的是通过反思来构建起来的。

反思自己的教育理念，也是要结合具体的教育、教学过程，回答自己是如何看待学生、如何进行欣赏教育目标的设计与分解，如何对待知识与品德、知识与能力之间的差别。通过对这些内容的反思，才可以逐步地形成自己的教育思想。

理想地说，教师的任何教育行为都应该建立一定的理念基础之上。所谓有理念，就是对自己的策略选择和行为方式能够清晰地进行理念解释和行为描述，能够进行“为什么”的阐释。现在中小学进行的研究课、观摩课、竞赛课，上课教师大多要进行说课。我觉得说课，就是要说上课的理念依据，说“为什么要如此进行教学设计”、“为什么要如此处理教学过程中的问题”，说出教学中处理具体教学问题的思维方式。

·反思自己的教育思维方式

在传统的教育过程中，教师多半会在不知不觉间，将自己的思维过于封闭，使其处于单一与自主状态之下。在欣赏教育的实施过程中，教师必须要针对自我教育方式进行反思：自己的教育思维是否能够发挥学生的主体性作用，是否可以在有效地发挥欣赏教育作用的情况下，融入新生事物与理念？唯有不断地对自我思维方式进行反思，方能使欣赏教育活动充满开放性、多样化，方能切实地实现欣赏教育中的“欣赏”原则。

(2) 耐心等待教育成果

多半教师在实施欣赏教育的过程中，会期待出现立竿见影的效果，但实际上，“教育的过程，30%是启发，70%是等待。”学生的每一个进步都不是在瞬间完成的，而是在反复自我教育的过程中形成的，也是教师在引导、启发与唤醒潜能的过程中，耐心等待所产生的最佳结果。

教育需要等待，这是与人类认识与发展规律相符合的，也可以说，这是对欣赏教育的一种更深层领悟。当下功利主义教育兴盛，许多教师都会让自己变成“成果追逐器”。有时候，我们甚至会遇到这样的情况：同样的问题，教师讲过多遍以后，依然有部分学生无法理解，此时，一些教师就会对孩子进行无情的挖苦，甚至会使用带有污辱性的语言。我们固然可以理解教师的着急心情，但是，如果一味地进行讽刺与挖苦，学生的学习积极性与学习激情自然会迅速丧失。

可是，有众多的社会实践证明，在学校成绩并不出色的学生在社会上更具有发展前途——他们只是在学习上没有、或是没有机会发挥出自我潜能而已，而不是他们真的没有能力。由此可见，教育没有速成，特别是在欣赏教育中，其种种举措所产生的结果更需要我们去耐心地等待。如何在教育的过程中，让自己耐心地等待“花开”的结果，是每一个教师都应该秉承的教育理念。

5. 关注心理

对待学生，教师既要保护他们的个性发展，同时又要及时进行爱心教育，既要让他们勤奋学习，也要让他们乐于学习，如何让孩子在获得了身体、智力发展的同时，又保障其心理健康，是教育的根本目的。

曾经有人做过这样一个数据调查，在一所学校中随机挑选100个学生进行教师负面言语对学生的伤害调查，调查的结果是：

各类惩罚	冷暴力	偏心	讽刺/挖苦	责骂
小学生	33.7%	25.33%	32.9%	31.6%

同时，发现这些心理受伤的学生都普遍存在“行为偏差”，学生的行为偏差于学校很大一部分是“师源性的心理障碍”。

另据调查表明：学生不良情绪的80%来自于身边的长者，这主要是指家长和教师。加拿大学者就体罚对孩子将来身心健康产生的影响所做的全球最大规模的调查显示：被体罚的儿童成年后吸毒和酗酒的可能性是正常儿童的两倍，而且患上焦虑症、反社会行为倾向和抑郁的几率大大增加。因此教师在教学过程中要时刻注意自己育人的方式。事实上，只要我们多以欣赏的眼光去看待学生，从很大程度上就能解决学生的心理健康问题。

用欣赏的眼光看待学生，首先就得热爱学生。没有爱就没有教育。爱心是师生关系和谐的基础。在一个班级里，不仅有各方面突出的好学生，也有某方面成绩优秀的尖子生，同时还有各方面表现一般的中等生，更有相对来说较差的学生。不论对待什么样的学生，教师都应给予等同的爱，只有这样，才能产生良好的教育效果。事实上，并不是差生身上没有优点，中等生没有转化的条件，而是教师缺少对这些学生全面的了解和真诚的爱。

其次，树立正确欣赏学生的态度，给不同能力的学生以无条件的积极关注。

在具体教育实践中，教师不仅要对学生人品中所表现出来的优点加以欣赏，就是对待所学知识也是如此。不应强求每个学生都和自己所想、所说的一样，允许学生标新立异，作为教师要鼓励学生大胆讲出自己的设想、观点，无论合理与否，只要是学生自己想出来，讲出来的，都应给予充分肯定与表扬，这是培养学生创新意识、创新精神的需要。

对于学生的缺点也应予以适当包容。由于学生的自制力、思维能力、审美能力各有差异，部分学生在学习中未免做出一些令人发笑、幼稚无知的事情，教师不能用成人的眼光审视一个孩子的所作所为，加以指责批评，甚至责骂，而应该正确、积极，因势利导地引导教育他，保护学生的自尊心，从而使其进步。尤其是对后进生，教师更要包容他们的缺点，用爱的期望去感受，打动，逐步消除后进生的心理障碍，使师生间产生心与心的契合，情与情的交融，促使后进生产生进步的动力。

再者，帮助学生树立自信心，使其个性潜能得到充分发挥。一个好的教师，不仅有渊博的知识和翩翩的仪表，更为重要的是要帮助学生树立信心，使他们相信他能行，享受成功的喜悦。教师应教会学生正确面对失败，坚定信念，认识到失败的短暂性。更重要的是帮助他们找到失败的真正原因，让学生认识到自己的优势，以适当的方式让学生感受到教师始终相信他们一定能做好，从而树立起自信，使其个性潜能得到充分发挥。

(1) 课堂教学主渠道渗透心育

课堂教学是实施欣赏教育的主渠道，同时也是对孩子进行德育、智育与体育等全面发展教育的最有效组织形式。在课堂上，要勤于与学生一起探讨问题、交流认识，营造轻松的、互帮互助的氛围。在师生讨论、交流的过程中，进一步促进师生之间的相互尊重和平等。发现他们身上的闪光点，你会发现，有的也许是教师无法比拟的。学生作为发展中个体，固然存在这样那样的不足，尽管如此，教师也要保持用欣赏者的眼光看待学生，让学生从心里感受到教师对他的关怀、爱护和肯定，让学生感受到教师对自己的欣赏，让他们相信通过努力自己完全可以成为一名好学生。在教学中，设置恰当的教学情境，把活动安排在熟悉，有趣的教学环境中，有利于激发学生的主动探究欲望。只有在宽松的学习环境中学生的潜能才能得到充分发挥，个性才能得到健康的发展。

在长时间的欣赏教育教学过程中，我们将课堂教学过程中的心育进行了归纳，并得到了以下经验：

·进行良好教学活动设计

这是课堂教学的中心环节，即教师从如何提升学生认识、情感与行为技能等角度，进行教学活动设计。不断地强调学生的主体地位与主体需要，教学应适应学生的发展，同时更应促进学生的潜能开发、创造性的培养。如，在教学过程中加入愉快教育与成功教学，使孩子们的兴趣与创造力与情感、自信皆能获得直接的感受。

·创造课堂心育环境

课堂心育环境是一种隐性的教育，它将会对孩子们的学习产生巨大的潜在影响。和谐、合作式的氛围对学生积极参与课堂教学活动有着积极的帮助，而冷漠、紧张的氛围则会使孩子的学习热情被大大降低，从而使原本就充满了紧张气氛的课堂教学变得呆板而生硬。因此，教学过程中，使用表扬、批评、激励、暗示等手段，来引导、启发孩子们的参与积极性，是优化孩子学习外部因素的最主要途径。

·把握教材中的心理教育

不管是何种教材中，均存在不同程度上对人格与智能的训练要求，它们含有丰富的德育、美育等教育因素，其中更是不乏心理教育的因素。这需要教师进行细心的钻研与认真的发掘，从本学科特点出发，从学生的实际出发，进行积极的发展与有机的渗透，培养起孩子们良好的生活态度与美好的生活情感，使孩子们的心理在潜移默化中得到健康地发展。

(2) 课下主动进行心理教育的辅导

课堂心育只是对孩子心理进行关注的一个渠道，对于学生来说，他们真实的个性往往更多地表现在课外时间。在课外时间段内，如何让孩子们获得心理上的教育，使他们明确知晓自己出现了什么样的心理问题、应该向谁倾诉与如何应对，是学校心理教育需要营造的另一心育环境。

为了解决孩子们不愿意向成人倾诉、不敢向他人倾诉的现象，我校特意设计了三大心理教育与心理辅导项目：

·开设《快乐起飞》校本课程，为个别学生插上飞翔的翅膀

我校针对一年级学生的心理特点，尤其是从心理健康的角度对那些适应能力弱的孩子开设了相应的心理辅导课，每学期上12次课，课程内容培养个别生文明守纪的行为习惯，培养他们从小要有健康向上的阳光心态。在课上通过心理暗示、心理小游戏、富有个性化的激励，不断培养他们的自尊心，树立自信心，从而使问题学生，不仅有勇于进取的信心，也有前进的动力。通过二年多的实践，这些问题孩子渐渐地发生了变化，课上从不发言的孩子胆子变大了，面对老师的提问小手举得高高的。不善于与人交流的孩子，课下变得开朗了，常常能听到他们开心的笑声，看到他们甜美的笑脸。

·开设“心海扬帆”心语室，为孩子提供一个倾诉和发泄的场所。

首先，学校通过红领巾广播向学生宣传心理辅导室的作用，请学生参观。通

过参观，学生们对心理辅导室有了较为深刻的了解。通过这个过程使学生认识到辅导室就是自己说心里话的地方。之后，我们进行调查，建立心理档案，制度、完善辅导记录和心理辅导员守则。每周三、周五的中午向学生开放，对于小学生而言他们走进心语室，更多的是与那些小布偶说说悄悄话，在箱庭中摆出自己的世界。遇到问题学生我们会倾心交谈，直到他们紧绷的小脸露出自信的笑容。小小的发泄区内，活跃着孩子们快活的身影，他们在宣泄一天的紧张与疲乏，而后便倒在地毯上，静静地享受着这一刻心灵的宁静。

·开设心理咨询热线

学生问题大多是家长问题，为了使学生和家长更好的沟通，让家长了解孩子的真实想法，消除误解，在征求孩子同意的基础上，我校由老师做家长的工作，以帮助化解孩子与老师之间的矛盾。为了学校与家长更好的沟通，我们开通了心理咨询热线，同时也建立了心海扬帆的邮箱，家长们随时随地可以就孩子的心理问题及自己的心理问题进行交流、探讨。帮助家长掌握一些教育学、心理学的知识，让她们了解到一些现代教育的特点和规律，从而学会了解孩子、尊重孩子、欣赏孩子、理解孩子，掌握教育孩子的方法和艺术，使家长善于发现孩子成长的优势，走进孩子的内心世界，陪伴孩子快乐成长。

总之，不论以哪种方式教导学生，我们的初衷都是好的。但如果我们能更多地考虑孩子的感受，建立健全他们的人格、性格。我想这种教育才是最成功的。

6. *沟通*

沟通是实施有效教育的基础和前提。心理学研究表明，人在内心深处，都有一种渴望别人尊重的愿望。作为教师，要对学生进行有效的教育，就必须尊重学生，倾听学生的呼声，了解学生的疾苦，知道他们在想什么？做什么？有什么高兴的事？有什么忧愁的事？他们学习中有什么成功的地方？有什么困惑？是方法的问题？还是心理的问题？是习惯问题还是基础问题……对这些问题有个比较清醒的认识，就可以对症下药，有的放矢。这便要求老师在了解学生时候，就要放下老师的架子，平易近人，和蔼可亲，增加老师的亲和力，使其亲其师，信其道，学会倾听。可是我们许多老师，不愿意听学生的倾诉，不愿意听学生的唠叨。总认为自己高人一等，比学生高明，没有必要倾听学生的诉说。学会了倾听，就能够深入了解学生的内心世界。学生们就感受到老师对他们的尊重和关怀。他们就愿意把自己的想法、愿望、要求、困惑告诉你，求得老师的关怀和尊重，求得老师的宽容和理解，求得老师的帮助和解释。这个时候所进行的交流，就是心与心的交流，就是灵魂和灵魂的激荡。所以，学会倾听是实施欣赏教育的前提。

例如：我校李兵老师的班上有位学生叫天成，上课小动作很多总不认真听讲。他时常会招来任课教师和周围同学的“厌烦”，面对他的问题，老师在课堂上用各种方法提示他、帮助他改正错误——效果依旧不明显。然而有一天，李老师发现他安安静静地坐在那里低着头闷闷不乐——“行为极为反常”。

课下，李老师问他：“孩子，怎么啦?”他眼神中流露出惶恐与无奈依旧不说话。周围的同学透露给我说：天成把厕所门弄坏了学校让他赔钱。李老师把天成叫到没人地方问他说：“天成，学校让你赔钱你是不是心里很难过啊?”孩子眨眨眼看看我忽然间哭了起来。

李老师赶忙安慰他并鼓励他把内心的委屈说出来。天成最终说明了心中的想法，原来花家里的钱他舍不得，更不要说拿钱来赔给学校。在他诉说内心想法时，李老师始终在耐心地倾听，最后他对孩子弄坏门的事件发表了自己的看法：第一肯定他的优点知道爸爸、妈妈赚钱不容易，由于自己的调皮而浪费爸爸妈妈的钱心里难过，这也是热爱爸爸妈妈的表现。第二肯定他身上一直有着孝顺父母的好品质，夸奖他心地善良。第三犯了错我们就要改正，虽然这件事情发生了，不过也证明你有以上的优点。那次，李老师与天成之间聊天很愉快，没有老师与学生之分，俨然是一对好朋友。倾听、尊重、欣赏让他们之间的关系拉得很近。

其实，这种“无身份式”交流在任何师生关系中都是必要而必需的。教师想要对孩子正确地实施欣赏教育，便必须要与孩子进行良好的沟通，有关沟通的技巧我们已经重复多次，这里需要强调的，是教师在与孩子进行沟通时应注意的两大基本原则：

(1) 先接纳，再升华

对于已处于成人期的教师而言，在面对心智正处于发育期的孩子时，你需要明白的是，他们在面对自己的缺陷时，往往会更加烦恼与懊悔。一个人越是恨自己的缺陷，这一缺陷对他的伤害就会越大。教师在面对孩子的缺点时，往往会表现出否定、不愿接纳的态度。但事实上，处于成长期的孩子难免会出现错误，而对待孩子缺点的最好方法就是，先接纳、后升华，接纳是前提，唯有先接纳学生的缺点，方能使自己、使孩子们产生“这一缺点并非不可原谅”的想法，方能使彼此升起改变的欲望。而升华则是指，在接纳了学生的缺点以后，教师不可一味地为了坚持表面的欣赏，而放弃了指正的原则，而是应尊重学生在低龄时期所表现出来的种种天性，使孩子们保持纯真的自然，同时，主动地引导孩子找出问题的症结，并最终让教育走向成功。

⑵ 巧引导，少说教

不管是在教学过程中，还是讲授人生道理时，教师都须明白：学生对那种一味的说教并无好感，他们期望自我在成人面前受到尊重，而那种说教式的教育恰恰是将他们摆在了教育的下层，使他们由自由意志体转变成了单纯的接受者。在欣赏教育实施过程中，我们强调的是，将教育的主体与主动性交还给学生，学生的主动参与是欣赏教育得以成功的关键。

在引导学生的过程中，我们发现，从以下三个方面入手，可以帮助孩子们更好地采纳、考虑教师所提供的意见与建议：

·做学生的成长助手、同伴与参谋

在教育教学过程中，教师应切实地做到五不：凡是学生能自己懂的不多说；凡是学生自己能学会的不教；凡是学生自己能探索出结论的不教；凡是学生自己能下决定的不指点；凡是学生自己能判断的不帮助下定论，从而创造出一个宽松的沟通环境。这样，在沟通过程中，教师才不会压制学生的思维与创造力，学生才能敢想、敢说、敢否定、敢做，从而真正地成为教育过程中的主体，实现师生之间、生生之间相互交流、共同发展的目标。

·选择学生喜欢的引导方式

兴趣永远是学生最好的老师，教师在平日里应善于对学生的需求进行关注，对学生的心声进行倾听，依据于孩子的个性、爱好，来选择不同的沟通与交流方式，在发现了问题之后，进行引导时，也应遵循以上原则，对生性骄傲的孩子进行难题设置，对内心自卑的孩子展开面对面沟通，对平日里表现调皮的孩子设置挑战。这样的引导方式，会令孩子们发现，老师其实一直在关注他的兴趣、爱好，从而进一步促进学生与老师进行交流。

·在语言上凸现学生

对于学生而言，因为缺乏成功的体验，所以，他们更渴望被人欣赏，在教育孩子的过程中，若是老师能够在语言上凸现出学生的优势，并在表扬的过程中，将错误指出来，同时暗示学生：改正错误之后，他将会更出色。这种凸现式的暗示批评，往往能够更容易让学生发现或承认自己的缺点，同时更激发改正的欲望。

7. 循序渐进

想要欣赏孩子，便需要老师与家长在学习与生活中，去慢慢地发现孩子的长处与优点。唯有从真实生活出发，进行循序渐进式的欣赏，方能赢得孩子对欣赏的认同，方能使孩子感受到真诚的赞赏。

毕莉媛老师对孩子进行的循序渐进式欣赏便属于此类：

卓某在我班曾是一个让所有任课老师都头疼的孩子。他身上似乎带着一种与生俱来的懒散劲儿：反应慢，动作慢，写作业更慢。课堂上总表现出一种心不在焉的样子，课堂上看他的眼睛很少能找到焦距，更谈不上与他的目光交流。这样的听讲状态，学习成绩也可想而知。但别看在课堂上他总是一副无精打采的样子，只要一下课，他可是比谁玩得都起劲儿：一会儿打了张三、一会儿踢了李四……很多孩子都不爱和他玩。面对这种情况，我和他的家长交流过几次，但收效甚微。

随着时间的推移和对班里孩子们了解的逐渐加深，我发现卓某是一个很热心的孩子，他很愿意帮助别人。借此星星之火，其势可以燎原——我这样想，并留心发现这点燃星火的时机。

一天放学后，卓某的妈妈把一本字典交到我手里，说是孩子放学时在路上捡的，但不知道怎么才能物归原主。机会来了！看着这本字典，我心里想。

周一的班会上，我在黑板上写了四个大字“拾金不昧”。我让孩子们说拾金不昧的意思，给他们讲拾金不昧的故事。最后，我隆重地向孩子们介绍：“咱们班也有一个具有‘拾金不昧’品质的孩子，他就是卓某！”当我叫到他的名字时，他的脸红红的，眼睛里满是光彩，可爱极了！点火成功！

在这件事的激励下，在接下来的几天里，无论是课上还是课下，卓某都有了很大的进步。我把这一可喜变化“添油加醋”地汇报给了他妈妈，并当着孩子的面“断言”：孩子真懂事了，知道心疼父母，不会再让你们操心了！火越烧越旺了！

卓某的变化也引起了其他任课教师的关注和肯定。每听到一次老师们对他的表扬，我都会用不同的方式让他感觉到……

就这样，卓某一直保持着一种积极向上的状态，对于偶尔的“放松”行为，我都会用微笑去提醒他：老师发现了，但老师理解、也相信你，你知道该怎么做！

孩子们因为年龄与见识皆没有达到成人的标准，所以他们大多不具备自知之明，他们需要从身边的“镜子”中去寻找自己，而老师与家长若可以从欣赏的角度，在生活中不断地、全面地去发现孩子的优点与长处，反射孩子的真实成长过程，让他们看到一个“美”的自己，必将会让他们拥有一个“好”的人生。

孩子成长的过程是一个循序渐进的过程，欣赏教育的实施也应遵循这一规律，更有秩序地进行。

(1) 适度要求，保持快乐教育环境

教育就如同投篮球一样：如果你设置的篮球架有两层楼那么高，那么，对着两层楼的篮球架子，谁也别想一开始就把球投入篮圈中——教育也是如此，一个“跳一跳便够得着”的目标最具有吸引力，对于这样的目标，人们才会愿意去追求。

在欣赏教育的过程中，我们给学生树立的目标必须是要让学生力所能及的，而且要不断地提高。也就是说，我们既要让学生有机会体验到成功的喜悦，不至于望着高不可攀的“成功果实”失望，更不能让学生毫不费力地轻易摘到“果子”。唯有不断地给学生定出一个“篮球架子”那么高的目标，让大家都能“跳一跳，够得着”，才能收到好的效果，才能让教育在快乐的氛围中进行。具体地说，我们要做到以下两点：

·全面分析学生在各个方面的情况

在制定教育目标时，教师应根据教育对象的不同，注意教育目标的可行性、合理性，要考虑学生的心理发展水平与学生的心理承受能力。在提出分层目标时，也要略高于学生的心理发展水平、实际能力水平，以求使学生在通过努力的同时，“跳一跳，便能摘到成功果实”。

·注意教育目标的层次性与具体性

学生之间的差异多半是客观存在的，德育也应落实因材施教的原则，对不同层次学生的现有发展水平，根据学生的不同情况，制定出不同层次的、具体的目标，使每一个学生都能够获得成功的喜悦，并进一步增强他们前进的信心。比如，对于学习有困难的学生，教师应先提出一个“只要比过去有进步就可以”的小要求，在学生达到这一要求之后，再逐步向其提出更高的要求，学生往往会更容易接受，同时也会要求自己尽力去触及目标。

(2) 调整自我期望度，为孩子树立合理目标

在教育界中，有些教师习惯于对学生进行过高期望：他们期望自己的学生做到最好，而不是做到更好，当孩子在无法达到自己设定的目标时，此类教师便会失望，而他们的沮丧情绪也会对孩子产生极大的负面影响。可是，一旦教育期望

被架到了近乎于不可能达到的层次上，它便会成为负担：教师会因此而失去教育信心，孩子会因此而失去学习信心。因此，教师的期望值应具有实现的可能性，这一可能性不仅要是合理的，更应是学生能够达到的，唯有如此，教师的期望才有可能成真，学生才会感受到教师期望的美好，进而更愿意努力地付出，以实现期望来获得教师的赞赏。

8. 熏陶

欣赏教育的实施能否顺利，关键在于学生能否在自我成长过程中，感受到周围环境、人与事的熏陶。美国著名人文作家桃乐斯·诺特认为：在充满批评的环境中成长，孩子便会学会吹毛求疵；在充满敌意的环境下成长，孩子便会学会争论与反抗；在充满恐惧的环境下成长，孩子便会学会忧虑害怕；在充满宽容的环境下成长，孩子便会变得富有耐心；在充满鼓励的环境下成长，孩子便会变得自信而勇敢。这段话生动地表达出了环境对于孩子成长的重要性。在欣赏教育过程中，环境的熏陶应由家庭、学校、社会三方进行。

代颖老师是我校在家、校、社会三方联系过程中做得较好的老师：

2009 年12月3日这一天，我收到一条短信。短信是这样说的：“代老师您好：我是孟××的妈妈。真心谢谢您对孩子的鼓励！昨天回到家孩子特别兴奋，他的愿望是买几支铅笔，居然他还想着给班里买了贴黑板上面的磁力扣。心里还装着集体，这是一个特大的进步。今天早晨，还知道英语早读，特着急地走了，以前从来也没有过。谢谢您！这孩子让您费心了！”看了这条短信，我既为孟××高兴也为自己高兴。

为孟××高兴的是这孩子真的进步了，也长大了。他为什么会有这么大的变化呢？事情是这样的。这个孩子在上课时注意力很不容易集中，经常走神。他从不影响别的同学，也不出任何声音，只是在自己的世界里，就是不听课。从他的眼神里就能看出他在想别的事。于是在课上我经常叫他的名字。但是总是让老师提醒他上课也不是长久之计，还是应该想办法让他自己自觉地听课才行。从此，在课上我逐渐减少提醒他的次数。下课后，我会问他老师提醒你几次？第二天我还会问他，如果提醒的次数减少了我会在全班同学面前表扬他。一周之后，果然很有效，上课提醒他的次数越来越少了，孟××能坚持15分钟认真听课了。于是我们有了一个约定，当一节课提醒他不超过3次时就奖励一张心愿卡，让妈妈满足他一个小小的愿望。时间不长，孟××就做到了，因此他如愿收获了一张心愿卡。我对他说：“你真的达到了自己的目标，老师为你高兴！”

没想到一张小小的心愿卡会起到这样大的作用。不但能在上课时集中精神听课，而且还激起了他对班集体的热爱，更促进了他对其他学科的学习。看来会欣赏，将帮助他树立自信心，激励他向着自己的学习目标奋进。欣赏能给孩子们带来希望。马斯洛说：人都希望受到别人、社会的尊重、赏识和承认。即使最顽皮的孩子也希望得到老师和同学的欣赏和赞扬，为什么顽劣的学生受到批评愈多，却越爱惹是生非出风头？实际上是在以歪曲的形式补偿被欣赏和承认的需要。学会欣赏，将帮助他树立自信心，激励他向着自己的学习目标奋进。课堂上，教师赞许的微笑就像清凉的甘露，能滋润孩子渴盼成长的心田；课下，教师几句轻松的谈心，就像几声激人鼓点，能促进孩子创造的脚步。以后，我们何不在每一个充满希望的早晨，和孩子来一个美好的约定呢？

我为自己高兴的是由于我的做法也得到了家长的欣赏，得到了家长的认可。也增强了我的自信心，鼓励我在工作中多给孩子一些欣赏的目光，即使发现他的缺点，只要疏导得好，未尝不是好事。如果我们都能做到与孩子零距离接触，那么我们自然会理解孩子，更懂得欣赏孩子。愿更多的教师学会欣赏。

这件发生在我们学校里的事情证明，只要教师能够站在引导者的位置上，帮助家长建立起正确的欣赏教育观念，家校的良好联合之下，便会形成向上的熏陶环境，孩子们便会在学校、家庭的帮助下，获得更积极的成长力量。

另一方面，站在学校的角度出发，欣赏环境的熏陶应从以下三方面入手：

·针对家长，展开家庭欣赏教育环境营造的相关教育

家庭环境对孩子成长所产生的影响无疑是巨大的，它对于许多孩子的影响都是潜移默化的，这种在不知不觉间实现点滴渗透的教育其实是最强大的教育。为了使家庭教育向着积极的方向发展，教师在平日里应与家庭建立起良好的互动，引导那些缺乏相关教育经验的家长营造起家庭中平等与和谐氛围。这种家庭中获得的和谐与温暖，可以使学生在学校、社会中找到更积极的情绪体验，他们的心情也会非常愉快与饱满，其行为习惯也会向着积极的方向发展。

·增强把关意识，为孩子营造起良好的社会文化环境

当下信息时代中，媒体、特别是电视媒体对孩子的影响毋庸置疑。虽然电视、网络等传媒有种种负面影响，但是，通过成人的合理引导，电视、网络都能够成为孩子进行社会认知与人格发展的有效工具。平日里，教师可以组织学生进行网络知识与文化的学习，增强学生在网络获取知识、辨别信息的能力。与此同时，学校与家庭也应利用种种机会，与社会达成协议，比如，在社区中进行一些

有意义的活动，组织学生去参与一些各式各样的展览，以增强孩子欣赏美、鉴别美的能力。

·起到示范作用，与家长一起，做孩子的好榜样

在未成年人的教育过程中，教师、家长的作为就是一堂堂活生生的教育课：教师、家长的作为将会共同组合成一种社会环境，对孩子们的行为产生着潜移默化的影响。作为教育活动中的专业者，教师必须要承担起欣赏教育中的主角作用，同时以自我行为努力引导家长进行良好的欣赏行为实施。

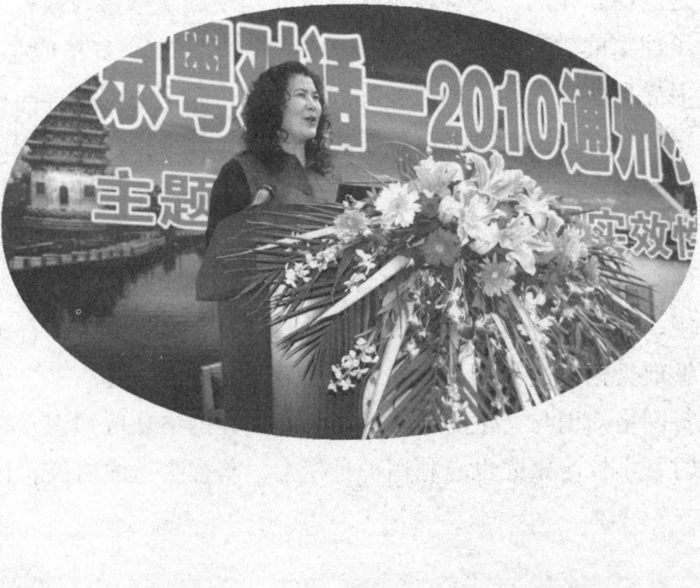

第六章 欣赏教育的文化活动建设

传统的教学方式早已无法适应日新月异的时代发展要求，为了使欣赏教育的各项策略获得有效的实施，保证欣赏教育获得的已有成果与进一步的有序推进，教育者与学校、家庭应形成一个“全方位欣赏”的良好育人氛围，这种氛围应以孩子为主体，以学校为基地，以家庭为强化、补充，以教育者为引导。唯有如此，方能保证欣赏教育持续、有效地进行。

第一节 积极营造实施欣赏教育的大环境

欣赏教育在现实教学过程中的实施并没有想象中那么简单，它需要学校、家庭、教师与学生四方的共同努力才能进行。学校作为主导单位，必须要承担起引导者的作用，积极地营造起适合欣赏教育实施的恰当大环境。在我校中，为了营造起这种环境，我们主要明确与展开了以下6项行动：

1. 成立领导小组，健全欣赏教育相关部门，明确部门职责

对于史家小学通州分校来说，在学校建设中引入并提倡欣赏教育，既是机遇，也是挑战。建校以来，我校一直在争取将规范学校管理、创建学校欣赏文化作为首要目标，以此来引领学校健康发展，并最终形成史家小学通州分校的特色品牌。

在建设欣赏教育名牌学校的过程中，我们形成了一套具体的部门管理制度：校长主管欣赏教育的全面协调研究，并对整个进程进行控制；德育副校长进行欣赏教育方案的制定，并负责组织实施；少先队辅导员进行欣赏活动的落实，并对活动过程、结果进行研究整理；电教主任制作影像资料，并进行影像的研究与整理；教学副校长进行欣赏教育教学方案制定，并进一步组织与实施；教学主任进行欣赏教育教学活动的落实与研究整理。全体教师按欣赏教育教学计划进行教学活动的实施，并在每学期结束时进行总结。

在以上描述中，我们可以清晰地看到各个领导在其职位上所需要担负的责任，除此以外，为了进一步使欣赏教育在学校的实施过程中获得彻底的贯彻与步骤上的不断实际化改进，我们还对欣赏教育的相关部门进行了进一步的健全，同

时对各个部门的职责进行了进一步的明确：

(1) 成立领导小组

2009年建校伊始，学校便成立了以校长为组长的规范化建设领导小组。教学副校长任副组长，组员有教导主任、少先队大队辅导员 及教研组长。同时由工会牵头成立了学校规范化建设检查、监督小组。工会主席担任组长，组员包括主管会计和教师代表。在领导小组的带领下，各部门明确分工，具体负责规范化建设的各项工作。各部门职责明确，工作落实到人。

(2) 统筹发展规划

领导小组深入调研，多次召开干部会、教师会，在广泛听取师生及家长意见和建议的基础上，研究制定了《史家小学2009～2014年学校五年发展规划》，在总体发展目标的指引下，我校又按学期、按照不同的发展重点制定了切实可行的学期工作计划。学期计划做到“三突出”即突出工作重点、突出发展目标、突出措施。使学校各项工作都能做到远有规划蓝图、中期有年度发展目标，近有具体实施方法，使学校师生都能按照规划程序有条不紊地落实规划目标，逐步将学校远景规划变为现实。

(3) 完善规章制度

依据我校管理实际需要，我校制定了《史家小学通州分校学校管理制度汇编》，2010年我校在原有的基础上，结合学校欣赏教育的办学理念，本着建立学校富有特色的制度文化，体现人本的目标，重新完善、修订了《学校规章制度汇编》，制度文化分为五部分，包括《干部、教师管理篇》、《德育篇》、《教学篇》、《体育、卫生篇》、《总务后勤篇》。各项规章制度都体现了人性化管理和规范化管理，干部、教师、学生在工作、生活、学习中有章可循，明确了责任、权利和义务，真正形成了学校的制度文化。规章制度的不断完善，使学校管理行为逐步规范，管理水平不断提高。

(4) 及时检查改进

学校规范化建设领导小组，每学年初，都根据学校规划及工程要求向全体教师通报，学年末做好专题总结。学校规范化建设检查、监督小组，定期检查、发现问题及时反馈给规范化建设领导小组，加以改进，并坚持做好阶段性总结，目前学校规范化建设进展顺利，初现成效。

2. 建立欣赏教育的评价体系

我们知道，在人类的欣赏实践活动中，本身就包含了审美体验与审美评价两个部分，而教育、教学实践活动本身，除了体验以外，也包括了评价。因此，为了进一步评价教育效果，在初步形成欣赏教育体系之后，我校建立起了相关的欣赏教育评价体系，在该体系中，重点强调了如何多点位突出评优：

(1) 对特色建设管理评价

实施欣赏教育以来，学校将"欣赏"不断地深入到每一个教育过程之中，同时，以学校的办学思想为指导，对孩子进行欣赏，善待孩子，不断地强化"全员育人"意识，将低年级行为习惯养成，作为了欣赏教育的重点，以丰富多彩的活动为载体，构建起了一系列的欣赏活动系列化模式；同时以校本欣赏为依托，通过建立以学科课程、校本课程改进、隐性课程培养能力为着眼点的横向教育体系和以学校、家庭、社会为着力点的纵向教育体系，营建一个"学校有效欣赏德育"的立体网络。

首先，建立起全方位多渠道的立体化欣赏教育管理网络，落实欣赏管理三条线：校长——中级干部——少先队辅导员——年级组长——班主任；值周教师——任课教师——学生自我管理；家长委员会——家长推动，在进一步推动全方位德育工作开展的基础上，不断地对欣赏教育中的三条线进行审视，并对其中所存在的缺点、最出色的优点进行周期性总结，以求在下一步工作中能够做到"扬长补短"。

其次，明确提出"首缘服务制"——遇到即是缘，愉快地欣赏每一个自己遇到的人、每一件自己遇到的事，从而做到愉悦地去解决问题，不推脱，在教师中有效地树立起"人人都是欣赏教育工作者"的意识，每年评选中"感动校园的好老师"；"感动校园好家长"；"感动校园十件事"。

此外，建立起班主任工作记录档案，完善班主任工作评价机制。在该机制中，我校将定量与定性相结合，对班主任的工作进行了考核，树立起了班主任典型，做好了每年一届的"大拇指杯"优秀班主任评选活动。自2010年9月，我校又健全、完善欣赏工作6项制度：学校欣赏工作目标责任制、欣赏工作例会制、班主任工作研讨交流制、欣赏工作考核制、特殊学生心理疏导月报制、欣赏工作档案制。

这些措施的实施，使教师、班主任、家长在欣赏教育中的重要作用得以顺利实施，同时不断地激发起了学生欣赏教师、家长、同学与自我欣赏的想法与行为，形成了最大程度上的教育合力。

同时，学校还进行了积极的探索，不断地改进、创新德育工作内容和方法。

同时，提出了以欣赏教育激励人、以优美的环境陶冶人，以良好的校风影响人，以丰富多彩的校园文化活动塑造人，以科学、严谨、规范的欣赏教育当作具体的目标，将“小、近、实”作为欣赏工作开展原则：主题活动小、符合孩子的年龄特点；形式、内容贴近学生、贴近生活；欣赏活动要结合实际、要重实效。

在以特色活动促进欣赏教育的过程中，我们展开了多种不同形式、不同内容的欣赏方式，其中就包括了形成欣赏教育品牌的六大措施：优点卡、快乐成果袋、每周我展示等。

(2) 对教师的评价

在我校欣赏教育的具体实施过程中，我们对教师评价体系进行了新的定位与改进，并将评价体系中的鼓励性评价制度与发展性教师评价体制进行了有机的结合，形成了校内教师评价体系创新的有效途径。

根据评价目的不同，教师评价分为发展性评价与奖惩性评价。鼓励性教师评价，是以鼓励与相应的激励为最终目的欣赏性评价。在该评价过程中，通过教师个人对于欣赏教育的具体认识、教师的工作表现、评价，做出晋升、调动与加薪等决定。

另一方面，校内的发展性教师评价则是以促进教师专业发展为目的，它是一种依据目标，它所强调的是对过程的重视与对未来的及时反馈，从而进一步促进教师的发展与形成性评价。在该评价体系中，我们通过简单的鉴定、选拔手段提升，进一步提升为集激励、引导与教育为一体的专业服务，并以创设出积极的教育环境为前提，调动教师内在的欣赏自我、欣赏学生的动力，通过评价活动，对教师的专业发展给予有效的帮助与支持，并不断地引导教师进行自我规划、自我反思，主动地从多种渠道获得不同的评价自信，不断地对自己的教育、教学行为进行调控与完善，从而提升个人专业素养，实现真正意义上的全面发展。

实践过程中，学校领导通过对不同评价对象与不同发展阶段的细致把握，针对新、老教师，构建起了一套发展性与鼓励性有机结合的评价系统。对年轻教师在实施发展性评价的同时，还利用职称评审、教育认知与教课效果考核三项关键性的考核评价标准，进行了“先进教师”的选拔与培养。

在“先进教师”的培养过程中，我们通过借鉴国外先进的教师评价制度，建立起了制度化、合理化、规范化的架构，积极地为教师提供了各种必要的支持与帮助，不断地改进教师的专业能力与水平，以提高学校的欣赏教育推进制度为标准，制定出了相关的目标、进行了教育教学过程监控、表现检查，从而为教师提供了各种必要的支持与帮助。

在教师入职时，学校便以学校、教师专业整体发展目标为蓝图，以教师、个人学术特长为基础，制定出了切实可行的目标与规划，其次，在实现目标的教学、科研过程中，以学科研究讨论会、教学总结会等各种日常教学、科研活动为载体，进一步关注教学科研进步、发现问题、及时提出对策，同时加以改进。学校专门设置了听课制度，该制度中规定，每一位领导都有责任参与到教师课堂教学的评价中，这支由校领导、干部组成的听课小组，通过当堂试听，对教师的教学情况、调动课堂学习积极性、促进孩子欣赏能力的发展，皆进行了全面的检查与评估，从而使评估活动能够更有成效。

同时，为了进一步促进学生、家长在教师评价中的主体性，我们还设计了相关的问卷调查，以求取得他们对教师的课堂教学满意度、师德表现情况与家长沟通情况的意见与看法，从而使评价更显客观、更显积极。

(3) 对学生的评价

对学生的评价主要针对学生对欣赏教育中“六个一”的理解情况进行，即：欣赏是一种真诚的微笑；欣赏是一种宽容和理解；欣赏是一种对他人尊重和信任；欣赏是一种对他人成绩的肯定和喜悦；欣赏是一种善待他人、善待自己的积极态度；欣赏是一种分辨是非、善恶的能力。

同时，对学生落实“四个一”的情况进行审核，即：用一颗快乐的平常心面对生活；怀一颗正直的善良心面对朋友；树立一颗坚韧的自信心面对学习与挑战；持一颗积极的上进心面对未来。

在针对“六个一”、“四个一”的评价过程中，我们鼓励教师针对孩子的日常性格表现，进行不同情况的评价。在评价方法的选择上，我校更加注重灵活多样性：

·展开师、生、家长共同参与的评价方式

在针对学生展开的评价活动中，学生、教师与家长皆是评价的主体。在教学过程中，教师不断地鼓励学生展开自评与互评，以期望学生在教学过程中达到“自主学习、合作探究”的学习效果。

同时，学习又是一个合作的过程，在让学生建立起小组合作的过程中，学生所表现的各种素质、他是否积极参与、是否具有与众不同的想法，都由小组内的学生进行评价，同时由任课教师、班主任针对学生的各自好的表现，进行分别的表扬，同时，针对那些欣赏能力不佳的孩子，进行了相应的谈话教育，以求他们可以不断地对自己的活动进行自我完善、自我修正，从而达到促进自我教育、提高学生欣赏与自我欣赏质量。

此外，我校还动员了家长参与整个评价过程，比如，在为孩子布置作业时，要求家长针对孩子的作业情况，进行相应的评价，这一举措不仅会使家长对学生的学习情况进行了解，同时也能够帮助家长更积极地面对欣赏教育、学会欣赏孩子。

·充分利用成长记录袋，合理使用评语

为了进一步在欣赏教育的过程中引入激励机制，我们从一年级着手，对学生的成长记录手册进行了设计，每一个成长记录袋都以学生的名字命名，同时展开了课堂教学过程中的即时评价，比如，当学生在课堂上可以正确地回答教师的一个提问，或是能够提出与他人不同的见解时，各科教师便可以将这种进步记录下来，并认真地记录到成长记录袋中。通过这样的方式，使得教师能够较为准确地反映出学生在情感态度价值、知识技能等各个领域中所获得的努力成果，同时又使学生进一步明确了下一阶段的努力方向。

而另一方面，教师的评语对于促进学生自我欣赏也起着积极的作用。为了进一步促进学生各个方面的统一与和谐发展，我校将评语进一步引入了作业批改过程中，并展开了“教师优秀作业批改”活动，对那些在作业评语中能够指出学生所存在的不足、对其成绩进步进行充分肯定的教师，进行了相应的鼓励，使作业评改的单一性得到了改善，使孩子们认识到自己的优点与长处所在，同时又调动起了学生的学习积极性。

·用作业批改中的符号进行无言的欣赏

为了进一步提高欣赏教育的效率，我们提倡批阅作业时严禁使用“×”，提倡对孩子的错误使用“╲”，别小看这少掉的一笔，欣赏需要等待，正是这减少的一笔中，我们将等待留给了孩子们，将信任留给了孩子们。特级教师吴正宪说：等待也是一种尊重。等待给予学生充分的信任和肯定，是一种无声的鼓励，真诚的欣赏会使教师真正走进学生的心灵世界，完成平等、融洽心灵的晤对。春风化雨润心田，润物无声促上进，是教育的最高境界。

3. *落实文化保障，营造欣赏氛围*

为了营造起良好的欣赏教育氛围，建立起特色建设管理制度，使全校上下统一思想，我校一直在力求落实文化保障，进一步营造起欣赏氛围：

·在工作环节上力求“三个结合”：欣赏教育与德育工作结合，与学科教学结合，与综合素质教育结合。

·在学校工作中保证“三个体现”：行政工作要有措施体现，学科教学要有内容体现，学校活动要有载体体现。

·在2010年，学校努力对课程开发环境进行了营造，力求让校本课程文化洋溢在整个校园，学校计划投资数万元建立“课程展示窗口”，目前已安装完毕的有“走进皮影”、“神奇版画”、“快乐起飞”、“英语墙”、“民族长廊”“国学走廊”等。

·精心布置校园环境，努力创设一个“时时受教育，处处受感染”的德育环境，让学生在耳濡目染中实现拓展知识、开阔眼界。随后，我们又本着小走廊、大世界的设计理念，继续对学校历史文化墙、民族墙、英语墙、文明习惯提示语等文化视点进行了完善。

·各班级根据实际，确定不同的主题，制订班级文化建设方案，建设“温馨教室”，注重为学生身心健康营造一个良好环境。包括班级人际环境、班级教育环境和教室物质环境等内容，建立和谐的师生关系、生生关系。学校将开展“温馨教室”建设评选活动。

·深化道德风景线、风景点建设（校门区风景线，早操、课间操风景线，放学路队风景线，绿色通道，花海世界、储蓄文明风景点，值周师生风景点，课间活动风景点），突出亮点，使学校欣赏氛围得到进一步的深化。

以上文化保障的落实，使欣赏教育的氛围变得更加浓厚，同时也使全体师生的欣赏意识获得了全方位、多角度的培养与渲染。

4. 定时反思总结，进一步完善欣赏机制

每一项新教育方式的推进都需要进行不断的反思与总结，方能使其在改进中不断地走近完美。欣赏教育的实施虽然有一定的经验可供借鉴，但是，学校个体之间的不同、教师教学方式的不同、学生个体的差异性，决定了欣赏教育的实施必然是充满了坎坷与困难的。

为此，我们进行了欣赏教育课题开发，并通过教研活动为教师们搭建起了相互交学习的平台。如：每季度的欣赏课程研讨课。在研讨课上，邀请上级领导与教研员对老师指导；请领导或教学干部对课堂教学进行评价与点评；同时，开展对外展示活动。对于各个层次的人员所提出的意见，我们都会虚心地接受，悉心地进行揣摩。

同时，学校展开了“欣赏教育大家谈”活动，将学校现有的欣赏教育经验进行了编辑成册，分发到每一位教师、家长手中。同时，不断地督促教师在提升自我教学专业度的基础上，教其利用业余时间，自觉地进行网上学习，鼓励其进行相关书籍的阅读，同时，将优秀教师的教学、欣赏经验进行总结，以帮助其他教师进行摘抄、学习。

为了提升整个校园里的欣赏教育氛围，学校每月都会进行运用欣赏教育思想指导工作的案例的撰写，并在每学期末以“教研组交流——学校交流”的形式举办“欣赏教育大家谈”活动，以此来促发教师学习、实践、反思的积极性，享受到欣赏教育带来的成功快乐。

另一方面，学校还将优秀的教学叙事案例以《欣赏教育实践中》为名编辑成册，下发到每位教师手中，以此来欣赏、鼓舞教师，分享成功的快乐。从教师撰写内容上看：已由单一的教学案例逐步向学生生活的各个角落发展，形式上由说教式转变为现场指导式、家校合作式。

5. 引入和开发欣赏教育相关课题，在研究中完善和丰富欣赏教育

2010 年《学校欣赏教育特色的研究》被立项为通州区重点课题，结合学校及教师现状，参与了中国教育学会承担的国家级课题《借鉴多元智能理论对学生学习、评价与发展的实践研究》、全国教育信息技术研究“十二五”规划重点课题《基于互动反馈技术的教学研究》、北京师范大学发展性评价项目组承担的《北京市实施发展性评价，促进小学教育质量提高》、教育部基础教育课程教材发展中心承担的《国学启蒙教育》课题，通州区教师研修中心“中小学生形体健康四维干预体系构建的行动研究”等课题的研究，力求在研究中提升教师品位，提高学生综合素养，培养出在欣赏教育思想熏陶下的社会人。

教师有“克服小学美术教学教师示范负效应策略的研究”等12项课题在通州区“十二五”课题申报中立项，目前各课题正在有序研究中。通过课题研究不仅拓宽了欣赏教育的实施途径，更有益于学校及师生的有序、健康、可持续发展。

在进入2012年以后，我校又参与了北京师范大学发展性评价项目组承担的《北京市实施发展性评价，促进小学教育质量提高》——小学“家校合作”评价的测评，目前学校及参与课题研究的教师已完成反思与改进计划的撰写，正在有序探索、实施。

第二节 打造一支懂教育、懂欣赏的教师队伍

教师在欣赏教育中所起到的重要性我们早已知晓，对于本身就具备专业教育

知识的教育人员来说，在欣赏教育过程中，他们迫切需要的，是专门性的、针对性的欣赏教育类知识。为了我们史家小学通州分校的老师们拥有这种专业能力，我们特意组建了欣赏教育俱乐部、开展自我欣赏活动、参与欣赏教育学堂等活动，以求使老师们能够获得最可靠的指导。

1. **组建欣赏教育俱乐部，定期交流经验意见**

为了进一步推进教师队伍建设，加大骨干教师的培养力度，使欣赏教育教学更具有系统化、科学性，我校组建成立了“欣赏教育俱乐部”，切实将教师的欣赏能力培养作为学校发展的重要工程来抓。

在该俱乐部中，市区骨干教师组成落实欣赏教育实施骨干团队，通过骨干论坛的形式，使欣赏教育思想在实际工作中的应用得到了有效的传递，起到了示范引领作用。同时，欣赏教育俱乐部还以资源为主线、以互动为特色、以服务为目的，为教师搭建起了“教研讨论”、“欣赏教育资源积累”、“按需定制”三大不同的互动平台，实现了有效的欣赏教育资源、素材的共享。

在欣赏教育俱乐部中，我们采用了集中与分散、理论加实践、组织培养与个人研修相结合的不同方式，按“分层培养、逐级提升”的原则，对教师展开了培训。其余成员围绕着专题，结合个人工作中所遇到的问题与某些获得了出色效果的欣赏教育措施，参与讨论，使欣赏教育中的优势措施得以进一步扩大实施，不足之处获得有效的弥补。

2. **开展自我欣赏活动，增强自我欣赏技能**

为了进一步增强教师的自我欣赏技能，使教师能够在教育过程中，不仅起到引导者的作用，同时也变成欣赏教育的参与者、成果享受者，我们举办了“教师自我欣赏学堂”，使教师能够发现、发掘自我优点与长处，同时在专业教育教学过程中可以将这种优点与长处进行充分的发挥与利用。

与此同时，我们在教师中开展了“一杯一坛一新一汇报”活动。“一杯”即每年10月至12月，让教师全员参与“欣悦杯”课堂教学评优活动。如今，该活动已成为了我校的固定活动项目，并从最初的全员参与的单纯课堂教学展示，发展成为了分层次进行课堂教学展示与学科基本功展示结合的综合评优活动，使每一位教师的风采都得到展示的空间，同时也使我们发现骨干后备力量。“一坛”即每月一次的“史家小学通州分校骨干教师讲坛”；“一新”即非骨干教师的“我的新变化”展示活动；“一汇报”即每年5月新教师（五年以下教龄者）“成长第一步汇报”活动。

欣赏教育实施以来，学校多次召开了党员民主生活会、教师座谈会、家长座谈会等形式，集思广益。“画手指”的交流方法是我校一项特色做法，其具体实施方法为，在白纸上画上自己的手，在手指上写下教师欣赏的同事的名字，并说说他们各自的优点；在手指上写下一年来自己的进步和变化，这种欣赏方式，使教师在彼此欣赏的过程中，获得了极高的自信度，并进而建立起了新的自信心。

3. 宣传优秀事迹，进行先进宣讲

为了进一步加强学校的师德与师风建设，树立起师德典型，大力宣传那些为教育事业做出了优异成绩的教师与教育工作者的先进事迹，使身边欣赏教育的先进人物发挥其引领作用，有效地弘扬他们无私奉献、敢于创新、爱岗敬业的精神，我校每个月都会评选当月“教师之星”，在每一个学期结束时，都会进行优秀教师先进事迹报告会。

在报告会上，我校会将那些在教育岗位与本职工作上做出了突出贡献的教师进行具体的物质与精神表彰，同时，还会让他们针对自己的教育经验进行相应的宣传。这种“树先进、选典型”选出来的优秀教师，不仅是欣赏教育成功的鲜活教材，同时也是我校进一步推进欣赏教育的根本性力量。在这些优秀教师的鼓励之下，新教师们会发现身边的榜样，而老教师们则会针对自己教学过程中出现的不足来进行改进。

4. 参与教育欣赏学堂，提升教师职业幸福感

教师的职业幸福感，是欣赏教育中的另一重要内容，教师的专业成长与学生、学校、家长对教育工作的认可度，与教师职业幸福感紧密相连。在教师专业成长方面，我们开展了教师分层培养制度，并针对此制度，开展了一系列的欣赏教育者个人提升活动：

(1) 帮助骨干教师实现再成长

我校对各个科目的骨干教师参加崇文教育分院组织的小学数学骨干教师培训班学习。每位骨干教师都积极主动地发挥着自己的示范作用。教师们积极主动听骨干教师所讲授的课程，并在听课过程中，同时实现欣赏他人、提升自我的双重目的。

(2) 加强进行新教师的培养

为了使新教师能够尽快接受、参与到本校的欣赏教育活动中去，我校采取了师徒结对、全程、全方位指导的方式，对新教师进行指导。学校专门派出了专业的老教师，对新教师的备课、讲课过程进行跟踪，每次教案普查后都会由老教师与其单独交换意见，并以校内出色的专业课程欣赏过程为例，进行细致指导，使

他们初步明白了课文教学的思路。同时，新教师也主动地向教师进行请教，边学边练，实现了各自在教学过程中的新成长。

（3）广泛学习，集众家之长

欣赏教育的开发与实施不是一蹴而就的，它需要结合实际，历经长时间的思考与谋划。自2009年4月起，我便先后带领部分教育班子成员到中关村四小、实验二小、白家庄小学、史家小学、史家分校等京城名校参观学习，了解其特色建设及校本课程开发情况。走在名校的校园里，我们不仅认真地听对方的经验介绍，还不忘用照相机留下宝贵的资料，以便回校后仔细琢磨。可以说，名校的独特思路、新颖的理念使每一个领导班子成员耳目一新，使我们对校本课程在学校发展中的重要作用有了更加深刻的认识。

（4）立足校本，开展多元师资培训

师资队伍的培训是我校校本课程建设中的首要任务，我校采取了自培和他培相结合的方式。

首先学校课程领导小组围绕课程开发主题组织了系列培训：由我本人主持的《欣赏教育思想的解读》讲座；由教育主任主持的《〈文化欣赏〉校本课程开发方案与纲要的解读》讲座；由其他骨干教师逐一指导每门子课程开发方案和纲要的撰写；其次利用史家分校骨干教师讲坛，进行了教学设计、搜集和编辑课件素材的培训、校本课程备课、教学反思的撰写等专题培训。

与此同时，为进一步保障欣赏教育相关课程的开发与实施顺利进行，学校实施层级课程开发与管理模式，首先成立了以校长为组长，各部门协同负责的校本课程管理网络。其次，在2009年9月，组成了一支校本课程开发与实施团队，到2011年9月，这支团队依然处于不断增长中，同时包括了校内师资力量与校外人力资源。校内由科任教师、教学辅助人员、管理人员组成，课程开发涉及传统文化、心理健康、体育健身、阅读、英语剧等多方面内容；而校外力量则包括区青少年活动中心的老师和市专业团体人员，他们协助学校开发了电子琴、舞蹈、硬笔书法、打击乐、跆拳道等课程。

在多种途径结合之下，领导与教师们的视野得以开阔，团队成员对于欣赏教育的认识得以更新，学校欣赏教育具体开发与实施得以有效推动。

第三节：建设以欣赏教育为核心的校园文化

营造实施欣赏教育的大环境，打造懂欣赏的教师队伍，都是为了让欣赏教育的落实更深入、更具体而进行的。但作为一校之长，在具体的实施过程中，我发现，校园文化中是否融入了欣赏教育，对于孩子们、老师们接受欣赏教育这种新理念有着极大的帮助。校园文化重在建设，而在建设的过程中，如何将欣赏教育融入物质文化、精神文化与制度文化建设三方面中，使欣赏教育在学校中更协调、更全面地发展，是近年来我校一直在探索、一直在努力的方向。

1. 学生活动走廊中的欣赏教育宣传

苏霍姆林斯基曾经说过："学生在学校走廊墙壁上，在活动的房舍里常看到的一切，对他的精神面貌形成具有重大意义。"学校内优秀的走廊文化是一幅"主体的画"，更是一首"无声的诗"，师生读起来，是一种心灵的洗礼，同时更是视觉上的美丽享受。

为了进一步使欣赏教育的校园走廊文化得以建立，我校还准备了各式的走廊展示，以方便孩子们展示自己：

记载着学校历史的"笑脸墙"：学校落成典礼时的297名师生，你中有我，我中有你，都以灿烂的笑容表达着对生命、生活和共同家园的无限热爱，传递着人与人之间的友善、和谐与平等。她告诉每一名走进史家分校的人：用灿烂的微笑迎接新鲜的每一天，以积极向上的阳光心态创造生活，提升生命质量。

寄托期望的"仰望星空"：静静的夜晚，刚刚踏进新建校大门的学生站在古老的运河畔，仰望星空，与伟人进行时空对话。那字字句句，震撼着我们的心灵，激励师生脚踏实地探索新知，寻求真理。

分享喜悦的"早园竹"：这里有孩子们挂的优点卡、心愿卡、喜报；这里有少先队主题活动中涌现出的小标兵、小榜样的照片……每天，青青的早园竹旁都有孩子们驻足观看的身影，张张笑脸洋溢着成长的幸福与快乐。

此外，我校还结合"争当红孩子"主题活动，先后评选了"雷锋式"、"邱少云式"、"高玉宝式"的红孩子。他们的事迹在早园竹上展出，青青的早园竹彰显着孩子们积极向上的活力，培养学生欣赏的意识。

散发墨香的文化长廊：弟子规、小学生必备古诗、五十六个民族介绍、交通标识、师生作品、学科专业知识、开放的图书馆、班级小书架……这里是传统与现代的融合，彰显着"小走廊大世界"的育人观。

竞争与快乐同在的"棋王争霸区"：五子棋、围棋、飞行棋、象棋……棋棋争艳、竞争与欣赏同存、欢笑与紧张并在的景象在这里得到了彻底的体现。这里是竞争与欣赏意识共同成长的光影展现，更是孩子们培养兴趣、欣赏他人最好的记录。

读书小讲坛：一篇篇的读后感，一字字地记录了孩子们对书籍的热爱与自我意识在阅读中的成长过程。他们将自己在阅读过程中的收获或体会面向全体学生予以展示，从而激发学生阅读兴趣，培养学生自主阅读习惯。

其实，形神兼备的容止镜，寓意深远的幸福树，充满活力的锦鲤池，舒适优雅的休闲厅以及随处可见的安全知识、健康常识、良好习惯提示语，无一不向每一个走进史家分校的人传递着我们的精神、我们的理想。

多种的记录展示了我校走廊文化与欣赏教育的良好结合，而为了达到这一目的，为了使欣赏教育在走廊文化中得以体现，我校进行了多样化的欣赏教育理念渗透选择，同时进行了多种多样的欣赏活动结合：

(1) 固定与活动相结合

在一些走廊侧面的柱子上、一些面积较小的挑梁上，我们固定张贴了一些简短的、有关欣赏他人与自我欣赏的心灵小语、励志语言等；走廊的墙壁面积较大，除了张贴一些素质教育所必需的《学生守则》和《学生日常行为规范》外，我们还设计了文化栏，在文化栏中，我们会将一些有进步的学生的事例、优秀班级的故事进行张贴，以便于学校师生进一步了解学校内的欣赏教育实施情况。

(2) 文字、图画与实物相结合

在进行欣赏教育名言的张贴过程中，我们发现，仅仅在墙壁上写上几句名人名言与格言警句，并不足以形成丰富的欣赏文化氛围。于是，我们将学校走廊建设成了文字、图画与实物相结合。例如，在走廊的墙壁上，进行欣赏名言的张贴的同时，还将一些孩子所获得的进步用实物进行展出：优秀的课业本、一次出色的手工制作、一张有关精彩活动的相片，在三者结合之下，学生往往会更深地感受到欣赏教育的氛围，从而进一步学会如何欣赏他人、欣赏自己。

(3) 欣赏与参与相结合

我校的走廊欣赏文化并非一切由校方操办、仅仅将学校教师、学生当成了单纯的欣赏者与文化建设的局外人，而是让全体师生都充分地参与到了学校走廊文化的建设过程中去，教师、学生自己可以动力办的事情，学校绝对不会包办，同时，学校还开辟出了“学校师生欣赏文化展示长廊”，定期将师生们在教育活动中的优秀习作、在报刊上发表的文章、劳技制作的相关作品、出色的书法绘画作品进行展示，这样的走廊文化，就不会仅仅停留于走廊之中，而是会进一步扎根于师生的灵魂中，使欣赏文化在师生的心灵上打下深深的文化烙印。

2. 在教学楼内展示学生的各种作品，时时开展展示自我的活动

在教学楼、班级外墙与班内软扎板的布置上，我校本着尊重差异的原则，立足学生发展，展开了以年级为单位的“每星期展示”活动，定期展示学生美术、书法、自制玩具等作品，展示着学生智能发展的多元化。

展示的内容包括：

·主题内容展示，“每星期一事”、“每期先进人物展示”等活动，皆是我们的主题展示内容；

·每一次展示，都会以年级组为单位，由年级组长进行负责，轮到某个班级时，班主任便进行资料包的整理与资料的收集，其他年级组内的班主任协助共同完成展示工作。展示墙上标注着该次展示内容的主题、年级组、参与学生名单，各个板块皆有不同的主题。同时，为了使展示效果更佳，同时也为了在事后保存展出材料，我校还进行了资料的塑封，使资料能够不受到风雨、外力破坏。

·每个年级组都有各自的展示区域，每个班级一星期轮换一次，进行周期性循环的同时，还会进行个体化、差异化发展的展示内容的甄选，在展示区中，不仅仅展示学习优秀者的出色之处，同时还对那些有个人特长的学习进行了相应的展示，以使每个孩子都有机会“秀出自己”。

第四节：建设以欣赏教育为核心的班级文化

学校有校园文化，而作为一种小型的社会群体与学校的组成部分，班级也有其固有的文化，这种文化是班级成员共同的态度、理念与价值观的复合体。班级文化与校园文化一样，有着自己的外延与内涵。

在进行班级文化的建设过程中，我们需要明确的是，班级文化的建设也有其理念与原则：

·班级文化首先应凸显出个性化，因为它所代表的是班级的形象，体现的是学校中个体班级的生命力与精彩度；

·班级文化是全体师生共同创造的财富，同时更是全体师生共同努力、共同劳动之后的结晶；

·班级文化并不是一成不变的，它本身应随着孩子们的成长而不断地出现动态的、发展化的系统变化，在这种文化中，孩子们是主体，而老师只是引导者。

普通的班级文化中包括了对班级成员言行倾向、班级风气与班级人际环境的具体软文化，而班级黑板报、墙报、活动角与教室内外的环境布置则是其硬文化的主要标志。在欣赏教育中，为了进一步凸显出教育是为了“启发欣赏意识、鼓励欣赏行为”，我们对班级文化进行了进一步的规定与规范。

(1) 使显性文化中凸显“欣赏行为”

显性文化就是指那些看得见、摸得着的环境文化，即物质文化，我们鼓励每一个班级去寻找一些与欣赏教育有关、与自我成长有关的名言警句，并鼓励孩子们将它们挂在教室的墙壁上；同时，班主任也会引导孩子们将班级的黑板报与墙报办成孩子们的特长展示角，从而树立孩子们欣赏他人、欣赏自我的意识；而最能体现班级文化的班训与班风则有老师带领孩子们以“促进欣赏、引导欣赏行为”为主，引入自身班级特点，进行具体的创建。

(2) 使隐性文化中渗透“欣赏意识”

隐性文化即软文化，这种文化包括了观念文化、制度文化与行为文化三个方面。我们鼓励孩子们在老师的带领下创造出各种班级规约，从而构成一个制度化的、有规则欣赏与关爱的文化环境；而有关观念文化方面，通过学校的大环境建设与老师的有意引导、孩子们的自我觉悟，他们的社会、人生与价值观都会因为身在欣赏教育之中，而变得能够成为欣赏教育中的支持者、实施者与受惠者。有关欣赏教育的观念会在班级的各个角落中弥漫，使孩子们受到潜移默化的影响；通过这种制度文化与观念转变，孩子们身上会表现出来愿意去欣赏他人、乐于去接受他人的精神面貌，而这种精神面貌又会通过具体的言谈举止进一步地渗透到孩子们的生活中去，促进班级文化中行为文化的养成。

在我校中，为了使欣赏意识在班级文化中得到更好的贯彻、对孩子们的成长起到更积极的促进作用，我们采取了多种措施来予以保障。

1. 开展各式比赛，引入“欣赏对手，良性竞争”观念

学校以班级为单位，以文明的课间游戏（下棋、读书等）为介质，定期进行了读书小讲坛、棋王争霸赛活动，通过教师的良好引导，孩子们对活动的积极性获得了极大的提高。同时，通过开展各式比赛，孩子们也培养起了“欣赏对手、良性竞争”的观念。

2. 鼓励孩子根据自己的特长参与各种活动，培养积极向上的态度

在班级文化建设过程中，各个教师结合学校活动，努力为每个学生营造展示自我的氛围。以班为单位，展开如棋类比赛、歌唱小明星、发明小创作、读书知识竞赛、舞蹈表演、乐器演奏等小活动，从而形成了班级人才多样化的发展态势，并达到促进个人智能发展的目的，进而在相互影响中，使每一个孩子的综合

能力都能够获得提高，并培养起了他们积极向上、乐观阳光的人生态度。

3. 开展“本周我展示”活动，让孩子形成自信

每班教室外面都有一块非常普通的软扎板，那里经常会吸引我校教师、学生、家长驻足浏览。此专栏每周为一名学生展示自我，学生在家长的帮助下将自己的优势整理好，以照片、文字、作品等形式向大家介绍自己。每周展示一名同学，一学期展示半个班,一学年全班同学都能够得到展示。目前此专栏已成为我校一道亮丽的风景线。

4. 在班级中设立不同的服务岗位

为了给孩子提供一个展示自我的平台，更好地增强学生的自主管理能力，我们改变了以往传统管理办法，转而采用“事事有人管，人人有事做”的自主管理模式，班主任根据班务需要设置了“图书管理岗”、“课前准备检查岗”“视力保护岗”、“课间游戏组织岗”、“加餐管理岗”、“午餐管理岗”、“午休提示岗”、“晨读组织岗”、“收发作业岗”、“水池使用岗”、“水杯岗”、“耕耘岗”“衣柜整理岗”、“板报专栏岗”“右行礼让提示岗”“卫生提示岗”等。这些岗位的存在，使让每个孩子都能找到自己的位置，让每一个生命都能够在教室里开花。

5. 实施“岗位轮换制”，培养孩子责任感

很多时候，我们不能意识到自己有责任，往往是因为我们不曾意识到自己的具体岗位在何处。对于孩子们来说，这种“岗位意识”的缺乏，正是他们无法养成责任感的关键。“我听见了，我就忘记了；我看见了，我就记住了；我做了，我就理解了”。这段话中蕴含的道理与方法及相应的效果不仅适用于孩子们的学习，同样适合于对孩子们的教育——体验是最好的方式。为了进一步促进孩子们责任感的成长，使每一个孩子都能感受到责任的力量，我校全面推行开展了“岗位轮换制”。该制度体现在了学校生活的各个方面，如文明监督岗、升旗班级及升旗手和主持人、各类重大活动的主持人、大中队干部等校级岗位轮换，还包括各班的班务岗的安排等。

在班级文化中，“班长轮换制”的实施，是让孩子们全身心体验欣赏教育的有效途径。“当班长”是每个人孩童时期美好的愿望。小班长参与班级事务管理，每周轮换一次，全员参与。通过自评与互评相结合的方式对其工作给予评价、激励与指导。学生在自我管理中体验到“干部即服务”，学会了欣赏，收获了自信与快乐。“小班长轮换制”在实践中日臻完善，固定与轮换、选拔与自荐

相结合的“小班长制度”成为全体学生参与班级管理的平台。

这种“不将干部仅落于小部分人身上”的做法，使班上的每一个孩子都能获得管理上的锻炼。与此同时，还展开了小干部之间的周评价、月小结，由教师引导，全班学生对自我管理过程进行评价，寻找优点、发现与改正缺点，使学生在自主管理中实现了自我成长。

6. **开展各种集体活动，增强班级凝聚力**

我校在每年的4月份都会以“我运动、我快乐”为主题开展亲子运动会，同时还连续多年在每年11月份展开班级拔河比赛、接力赛、班级友谊赛，使学生在多种体育锻炼活动中欣赏到合作美、健康美。在这些健康的集体活动中，学生们不仅在活动与游戏当中体验到了运动的快乐，同时还增进了与人合作、参与集体活动的快乐。同时，我们通过校园电视台、10分钟小队活动等途进行了“文明游戏、快乐课间”的文明课间推广活动，借助文明游戏的介质发展思维，掀起校园文明热潮，使“文明欣赏、文明做事”深入全校学生心灵。

第五节 精心打造欣赏教育的八个品牌

品牌即品质，学校教育的品牌，一方面是整个社会对学校教育成果的认可；另一方面，教育品牌也是学校对孩子们、对家长们的教育承认，是学校全体教职人员对于自我办学目标的信仰与追求。对于史家小学通州分校欣赏教育品牌的认识，我们力求体现出学校欣赏教育的品质的要素，而这种要素可以围绕“多样化、优质化”去认识。在学校进行欣赏教育建设的过程中，到目前为止逐步营造起了八个不同的品牌：

1. **优点卡：全面圈点学生，不断鼓励孩子进步**

优点卡是为了不断鼓励孩子进步，同时固定形成一个产生长久激励效应的对应物。优点卡的书写有教师写给学生，家长写给孩子、孩子们之间相互书写、孩子写给老师等多种形式。在学生中形成了“我的优点大家说，努力目标自己定”的氛围，让孩子不断体验到学习的成功与快乐，找到了自己的自信与不足。为了使优点卡变成随时、随地都能促进学生欣赏能力发展的工具，我校的优点卡发放与张贴并没有固定的形式，有的卡片在星期一庄严的升旗仪式上，由校长郑重其事地发给学生；有的悬挂在学校休闲厅的竹林中；有的张贴在教室的专栏中……与此同时，学校还进行了定期的优点卡的展示，分散展示与集中展示中，更能够让不同年龄层、不同的年级、不同程度与不同专长的孩子们能相互学习，共同提高。

2. 快乐成果袋：帮助孩子在评价中欣赏

“快乐成果袋”是我校采取的另一欣赏措施，“快乐成果袋”里放着孩子们每一阶段获得的成果，每一个孩子都有自己的成果袋。孩子们将自己的“快乐成果袋”布置在墙壁上，同时还给它们起了好听的名字。这种直观的、近在眼前的展示，使孩子每天都能看到自己的进步。在举办家长会时，家长还可以与孩子一起整理“快乐成果袋”，从而加强家长对孩子成长过程的参与感，从侧面达到了让家长与孩子一起成长的目的。

同时，学校还会定期进行“快乐成果袋”的评比交流活动，孩子们通过相互学习，发现了别人的优点和长处，找到了自己的不足，确定了自己的阶段努力方向，培养了孩子积极、良好的情感与态度。

3. 师生共叙教育故事：让师生在欣赏教育的观念下共同长成

为了使欣赏教育在家、校、生之间建立起良好的连接，我校利用感恩节、母亲节、父亲节、教师节等一些固定的节日文化，鼓励孩子们进行了教育故事的叙述。在这些活动中，教师与学生都能够发现自我身边那些出色的、令人感动的人与事，从而使欣赏氛围变得更加浓郁与浓厚，并帮助师生对如何去关爱他人、如何去欣赏他人形成了新的认识，从而使学校欣赏教育的内涵与外延更加丰富。

4. 文明储蓄角：为孩子们开设自我教育的美德银行

在学校内，有美丽的水晶宫背景下镶嵌着一行欢快、活泼的文字：“在这里我们储蓄的是文明!”这是我们专门为孩子建立的一个自我教育、自我管理的空间——文明储蓄角。孩子们把捡到的衣物等主动地放到这里并做好记录；丢失物品的同学都来这里领取，自觉填写领取记录并写上自己感谢的话语。虽然没有老师、同学的监督，但这里的物品都摆放得井然有序，记录的内容真实详尽。在这里，孩子们传递的是文明，储蓄的是美德。

5. 快乐大体验：在社会实践中让孩子们上一堂别开生面的课

我校所举办的“快乐大体验”活动力求让学生在实践中以“身”体之、以“心”验之，以生活实践为基础，把做人做事的基本道理内化为健康的心理品格，转化为良好的行为习惯。每年的十月是我校传统的“社会实践月”。我们根据学生特点，开发学校周边的教育资源，让学生走出校园，走进社会大课堂。

社会实践需要考虑到孩子在各个年龄段所表现出来的特点与认知接受能力，所以，我校的社会实践也是按年级不同，来推进不同内容设计的：一年级“走近大运河——欣赏家乡美”；二年级“走进绿色军营——欣赏军人威武美”；三年级“走进韩美林艺术馆——欣赏艺术美”……

在此类主题教育活动中，孩子们不仅锻炼了身体、磨炼了意志、同时也开阔了眼界，赢得了家长和社会各界人士的赞许和认可。

6. **开放课堂：让家、校、生三方面实现良好连接**

课程是办学理念的支撑，是学校文化的核心，是学生获得发展的主要载体，是形成办学特色的根基和主渠道。为了进一步提高学校的欣赏教育教学水平，实现“有效教学、高效课堂”的目标，我校坚持了开放课堂的制度。

在开放课堂制度中，我们组织了“名师开放课堂”的活动，该活动分为三个层次，即名师观摩课、首席教师展示课、新秀教师、明星教师汇报课。在这些开放课程中，新晋教师得以向骨干优秀教师学习，骨干优秀教师的知识、经验也得以传播。

此外，学校还对“开放课堂”进行了深入了探究，从涉及课程、探究目标、评价标准、探究形式、组织领导、时间安排六个方面作了详尽的部署安排，并由学校、教师、家长、学生积极参与课堂质量的评价，以求达到既让参与教育质量评价和观摩学习者全方位对实际的课堂教学得以了解，同时又能使教师们共同组成优质的教育系统资源，从而进一步促进高素质教师的建设，进一步促进我校欣赏式课堂教学模式的进一步完善与尽快成熟，实现全学科、全时段与外界、家长、教师之间进行良好连接的课堂教学开放。

7. **校本课程：为个性成长提供多维度空间**

为了达到特色课程化，课程特色化，以此深化欣赏教育，我校领导经常深入教师的教育活动场所，欣赏教师的长处，并尽可能地创造条件为每位教师提供合适的舞台，开发校本课程，以体会到自身存在的价值与意义。

三年中，我们将校本课程分为了选修与必修两类，力求在立足于挖掘、发展基础课程之上的师生潜能，促进学生个性与特长发展，增强教师专业发展实力，彰显学校特色发展。另一方面，学校围绕欣赏教育思想，展开“边学习、边实践、边思考、边改进”的有序发展，以“主题引领——专题实施——整体推进——多元发展”为课程开发的思路，遵循发展性、协调性、灵活性、开放性、合作性原则，开发并实施了《文化欣赏》校本课程。课程的开发，我们采取“师生入学（校）调研——课程开发培训—教师申请——学校审批——教师撰写开发方案——课程介绍——学生选择——重组班级——开班上课——阶段评价、展示的流程，学生遵循我的课程我做主的原则，在实施中确保教师、场地、时间、经费四落实。

到目前为止，我校的校本课程共有37门，包含2门必修课，35门选修课。在这些课程中，实施了自主选择与统一学习相结合、集中课时与零散课时相结合的原则，使孩子们在接受必修课程教育的同时，有权利也有时间去选择自己喜欢的、感兴趣的课程。在选修课程中，我们突出了可选择性，充分体现“我的课程我做主”的原则，使课程真正成为“孩子们自己的课程”。为了让每一个孩子能够找到适合自己发展的课程，学校按照“推介——选择——编班——微调”的程序完成选修课程的课前工作。而对于这些课程的选择与评价，我们则采用了“统一评价与多元评价相结合”的原则。

(1)“走班式”评价：我校每周的校本课程全是开放的，校领导几乎走遍所有子课程的教室，了解学生考勤、教师的课程进度、学生的学习状态等，随时提出指导意见。

(2)“平台式”评价：学校通过多种途径为学生开辟课程展示平台。《魅力皮影》、《神奇版画》、《快乐起飞》制作了关于课程介绍的展板，使非课程班的孩子们也能了解相关知识。教室内软扎板，是学生日常学习成果展示的平台；学校博客成为子课程对外展示的窗口，教师定期上传学生作品，使家长能够了解并欣赏到孩子们学习的成果，他们在留言中对学校的校本课程给予充分的肯定。

(3)“汇报式”评价：每学期的最后一次校本课程都是各子课程成果汇报时间。教师们通过成果展示、表演、交流等方式组织小学员们汇报本学期的学习成果，让孩子们体验成长的快乐。自2010年12月开始，学校还组织了“家长走进校本课程”活动，学校、教师、学生分别向家长汇报校本课程的实施情况。

(4)特色活动式评价：如元旦联欢会、亲子运动会都是子课程班学员们展示风采的舞台；此外子课程也积极开展小型特色活动，如《快乐起飞》的“心愿”活动；《小记者》班的“校园采风”活动等。

多元的课程评价不仅为师生们开辟了展示与交流的空间，也激发了教师们研究课程、完善课程的积极性，校本课程团队的骨干力量不断壮大。

通过近3年的探索与实践，校本课程在提高了学校课程领导力、教师的课程开发与研究能力的同时，顺利地达到了拓宽学生知识视野、提高欣赏能力的目的，从而为学生个性得以发展提供了多维度空间，为逐步形成我校特色课程体系奠定了坚实的基础。

8. 新希望电视台：宣传欣赏教育的光影平台

我校的新希望电视台栏目设定以三原则为基本播出，即固定栏目为每期节目应有，常规栏目为可选播出，特别栏目为在特殊情况时安排播出，其中，具体包括了以下几种节目形式：

校园新闻：校园内外、国际国内新闻，重点为校内新闻和教育新闻。属固定栏目。

缤纷秀场：学生特长展示。属固定栏目。

国学小讲堂：以“我是中国娃”为主题开设“国学小讲堂”。本学期主要讲解《中国人应该知道的国学常识》。属固定栏目。

校园之星：学校优秀学生的专题报道，如学习优秀、品德优秀、才华优秀等。属常规栏目。

校外镜头：校园外的采访、录制内容。属常规栏目。

教师之星：优秀教师的工作、教法等能力展示。属常规栏目。

校园焦点：校园内重要事件的专题报道。属特别栏目。

访谈节目：访问各部门负责人，介绍学校相关情况。访问学科老师，谈学习的情况等等。属特别栏目。

快乐大体验： 走出空洞说教，开始《快乐大体验》，打造德育品牌节目。为让学生在实践中以“身”体之，以“心”验之，以生活实践为基础，把做人做事的基本道理内化为健康的心理品格，转化为良好的行为习惯。

《快乐大体验》一般归为实践体验类。让学生在活动与游戏当中体验快乐。将组织进行“文明活动，快乐课间”文明课间活动推广活动，透过文明游戏的推介，掀起校园文明热潮，深入全校学生心灵。属常规栏目。

《芝麻开门》：通过提出问题、寻求答案的过程，传递科学知识，激发求知欲望。属常规栏目。

自节目的开播以来，深受师生喜爱，新希望电视台成为我校德育活动的又一特色，成为了学校宣传的窗口、推进学校特色建设的平台。

第六节 以课堂教学为主渠道，形成和谐教育氛围

我校所采取的所有举措都是为了让欣赏教育进一步融入到具体的教学过程中而进行的。孩子们在学校里接受教育，主要是以课堂教学为主，而欣赏教育的实施与深化，也应以课堂教学为主渠道.为了力求形成和谐教育的氛围，我们采取

了三方面的措施，以求可以将欣赏教育通过课堂，融入孩子们的生活、学习。

1. 鼓励孩子将课堂当舞台

本着让学生在快乐中学习、让学生成为课堂主人的前提，我校展开了“将主动权”还给孩子的教学活动。在活动中，我们力求让教师从知识的灌输者进一步转化为学习的主人，使教师成为学习活动中的组织者与引导者，使课堂成为学生学习、发展与活动的重要场所。

我校王立宁在组织孩子将课堂当舞台方面，有着自己独到的做法。

“将课堂还给学生”一直是我校欣赏教育的一个主要方面，但是，如何将课堂还给孩子们，在我看来，让“死教案”活起来是一个重要的方面。很难想象，一个只有老师一人闭门造车的教案，能够调动起全体学生们的学习激情。因此在每一次的教学前，我都会进行大量的准备。

其实，如果细细观察孩子们，我们就会发现，他们对于老师除了尊重与爱以外，有时候还带有极高的羡慕之情。在他们看来，站在讲台上，向同学们讲授知识是一种极高的荣誉，他们渴望当一回老师，期望去体验一下成为老师的愉悦之情。为了满足学生的欲望，我总是会在一学期中尽可能地多设计一些课，让孩子们当老师，让他们在自己的舞台上展示自己的风采。

在教学过程中，我会根据教学内容的具体要求，先简单地介绍一下与本课有关的材料，然后，将全班分成四大组，请孩子们自读教材，同时，在此基础上，像老师那样认真地备课。当然为了帮助孩子们备好课，我采用了分层教学的方式，如，我在教《魅力皮影》一课时，为了使孩子们能够胜任“老师”一职，我要求每一个孩子都自己写一份备课资料。

在进行备课时，根据不同的孩子自身的学习条件，我进行了各自的分工：平日里成绩较好的同学可以发挥各自优势，独自完成备课任务；学习成绩一般的孩子，我会教给他们一些具体的方法来进行备课；对于那些成绩较差的孩子，我则会手把手地扶持他们，让他们与我一起完成任务。结果，不同的层次的孩子们都取得了良好的效果。

在认识备课的基础上，每一组的孩子都会在课下进行备课情况对比，并最终推荐出一名男生、一名女生分别站在讲台前给同学们讲课。后讲的同学可以对先讲的同学所讲述的内容进行补充与强调。

事后，我还会请其他同学对上课的“小老师”进行点评，以便日后扬长避短，同时，请“小老师”讲一讲上课的体会与感受。在最开始时，上讲台的都是一些性格外向、成绩较好的同学，到了后来，孩子们学习的积极性日益升高，直到后来，有一些基础一般甚至较差的孩子也乐于参与到其中，而因为有了积极性，他们的成绩也获得了较大的提升。

王老师的高明之处就在于，他使教学情境由死教案变成了活教案，并抓住时机，因势利导，使原本平凡的课堂高潮迭起，使学习与教学变得有灵气了起来。在将课堂还给孩子、让孩子成为课堂的主角过程中，我们可以从以下几个方面手入：

·让孩子换一换，成为小教师

“你有一个思想，我有一个思想，我们彼此交换之后，就会有两个甚至更多的思想。”这是英国大文豪萧伯纳说过的一句话，在课堂教育中，我校教师也本着这样的思想，不断鼓励孩子进行自我想法交换。在上课时，请学生上台去做小老师、通过小老师以孩子的思维进行认真而细致的讲解，在同桌之间进行商量、以小组合作讨论等不同的形式，使学生进行独立的思考，并进一步去发散思维。

这种师生互换角色的方式，不仅促进了孩子们学习兴致，同时也使孩子的思维始终处于积极的状态之下，而孩子与孩子间的交流也多半更加能够贴近他们的年龄段想法，这使学习的效果与课堂的气氛同时处于活跃状态之下。

·让孩子画一画，成为小画家

图画具有形象而直观的特点，符合孩子们对于形象乐于接受、易于理解的认知特点。在课堂教学中，我们鼓励教师采用让孩子们画一画的做法，使孩子们能够对课程获得更直观的看法，同时使宝贝们更加热衷于自己动手作画。这种方法不仅使孩子能够更充分地表现自己的感受与想法，同时也进一步培养起了孩子发现美、创造美与表现美的能力。

·让孩子演一演，成为小演员

表演是学生进行思考、生活再现的基本方法，对于低年级的孩子们来说，他们的许多课程都可以通过表演的方式，来取得更直观、更深刻的理解。教师鼓励孩子们在课前进行预习，并以小组为单位，进行课本剧的编排，同时，在课堂上抽出一定的时间，请孩子们进行课本剧的表演。这种方式不仅使孩子身临其境地主动要求对知识进行探求，同时也帮助宝贝们更深入地理解了课本的内容，使寓教于乐、寓教于玩得以顺利达成。

·让孩子试一试，成为小科学家

在学校课程中，有不少介绍生活常识的课文，根据课本内容，教师带领孩子进行了一些小实验、小制作，这种尝试动手的方式，使孩子更乐于自己动手操作，同时也让他们主动探求科学、获得知识的兴趣大大增加。

这些措施与方法，使课堂真正地成为了孩子的舞台，并让学生由后台走上了前台，变听为讲，一改传统教学方式中的“要我学”的被动接受，进一步演变成了“我要学”的主动参与者。这种角色的转变，使孩子们成为了课堂上真正的主角，让学生与教师成为朋友，增进了教学氛围的自由与和谐。

2. 改善教学方法，以全新观念引导孩子学习兴趣，使其学会学习

教学方法的变革如果恰当，课堂效益将会获得不断的提高，这要求教师在根本上获得浓厚的学术素养与先进的教育理念。如今，我校为了进一步提升孩子的学习兴趣，让他们主动地爱上学习，采用了多种教学方法相结合的方式：

(1) 利用多媒体进行辅助性的教学

当代是一个网络信息时代，而以仪器、挂图、实物、VCD、网络等所进行的具体教学，将会使教师在提升自我教学效率的同时，还能够有效地激发起孩子们的学习积极性，使他们在接受新科技教学方式的同时，进一步地激发起其学习兴趣。在建校初期，我校开始进行电脑多媒体辅助教学的不断探索，并运了一年多的时间，在综合应用了多种软件，进一步开发出了采用音像资料、动画、图表与图片相结合的教学课件，使学校教学更显直观化、开放化。

(2) 运用交流的、互动的、启发型的教学模式定期组织学生们在课堂上进行讨论

为了达到良好的课堂教学效果，教师每一课的教授过程中，都会组织1～2次的课堂讨论，将那些与课程内容相关的问题进一步引入课堂之中，鼓励孩子们运用自己所学的知识，进一步解决实际问题，并大胆地发表意见。

我校数学老师刘艳在教学过程中，充分地挖掘了教材的内涵，并充分地利用了学生的生活经验进行生动有趣、直观形象的教学活动设计，如，运用讲故事、做游戏、直观演示与模拟表演等，引发学生浓厚的学习兴趣，使学生的学习积极性得到充分的调动，令孩子们的身心潜能得到最大限度上的发挥。

在教20以内数的退位减法时，刘老师进行了这样的设计：将十几减去8、9放在一起进行教学，结合学生的实际，再出6道十几减去8、9的题目分给各个小组，让他们进行独立的思考与自主的探索，同时要求他们使用尽可能多的计算方法去进行解决。

在看到题目以后，孩子们都会积极地探索，有些孩子单纯地用笔算，有些则摆小棒，有些使用数数的方法去计算。然后，以小组为单位，每组派出一个代表

进行学习结果的汇报，进一步讲述自己的解题方法，同时对其他同学的解法进行自我意见的发展。各小组在交流完全后，进行学习方法的汇总，之后，刘老师会对这些方法实行适时的点拨与鼓励。

通过总结与老师的点评，孩子们会自己进行对比，选择那些自己可以理解的、符合自我思维的方法进行深入的学习与计算。这样，不仅孩子们的计算速度得到了提高，老师的教学任务也在省时、省力、高效的情况下得以圆满完成。

(3) 鼓励学生进行自主式学习

在教学过程中，我们鼓励教师将课堂进一步开放成有秩序的自主学习场所，整个教学活动中，教师不断地鼓励学生“主动”：主动讨论、主动解答、主动展示、主动加强。虽然在自主学习过程中，教师依然在场，但是教师的主要任务在于对学习任务进一步明确，对那些学生主动提出的问题进行解答，对学生在分析说明的过程中出现的问题进行展示与分析，学生在课堂上的任务由被动地接受，进一步演变成了自我学习成果展示。

整个教学方法的改善与教师观念的更新，使学习不再是一个枯燥无味的过程，而是流淌着学生们或喜悦、或兴趣的真情实感，而这种真实自我的流露，无疑对于欣赏教育过程中的个性化发掘与展示有着极大的帮助。

3. 捕捉学生行为，营造和谐教学氛围

我们鼓励教师全身心、多感官捕捉课堂上学生的行为细节。在这一行为捕捉过程中，教师应努力做到“六到”：

眼到：教师的眼睛要看到教室的每一个角落。教室中每一个学生的表情、动作都要尽收眼底。如：学生书写时教师要仔细看学生的动作是不是一笔一笔认真地写。观看屏幕、读书时教师就要通过学生眼神观察他的注意力是否集中。当学生发言或鼓励孩子时，教师要注视学生，使孩子感受到教师的关注。但有时过度的注视会使得其他孩子离开教师视线而分散注意力，因此教师还要善于扫视，达到既关注个体又不忽视整体。

手到：手势语言是组织课堂必不可少的手段，尤其在个体出现违规时效果更佳。如：发现某个学生没听讲在玩东西，在其他同学没有注意到的时候，教师可以自然走到该同学身边，轻轻地把他的手放下来；身子歪了，轻轻的扶正身体。

口到：当看到学生开始注意力不集中时，尤其当学生人数较多，需要给予整体组织，教师就要利用口头语言。

耳到：课堂上的任何一个声音都应该注意捕捉。如教师说：今天我们继续学习新的拼音字母，学生脱口而出。学生的声音说明对即将学习的新知识已不再陌生，可能已十分熟悉，教师就应及时调整教学策略，否则学生对内容不感兴趣就会自然地做一些与课堂无关的事情。

心到：教师的眼神、动作、语言中都应融入教师的情感，真诚地关注、真诚地欣赏。

时间到：教师提出某个行为要求时，一定要给学生规范的时间。这个时间内教师的感官要在学生身上，看看学生是不是按照要求做了。教师的语言和学生的行为往往不能同步完成，给足学生反应的时间。

“六到”对于教师而言，是一种主动参与学生生命、成长的积极表现；对于学生而言，是一种优势发掘、被人重视的主观感受。在教师做到“六到”之后，课堂教学中所出现的问题才能及时获得解决，孩子们的学习欲望才能被彻底激发。在这方面，我校赵老师的课堂教学有着过人之处：

都说眼睛是心灵的窗户，我尽量让自己通过这扇窗户，去看到孩子们丰富的内心世界，去体会他们的快乐与忧伤。

在学习《给予树》一课时，我需要针对“妈妈对孩子的爱”来进行解释。在课堂上，有这样一个教学片断：

我：妈妈给孩子送去的只是20美元吗？请带着自己的理解与感受，再去读一下这句话。（课本原文：让我担心的是，家里并不宽裕，我只攒了一百美元，却要有五个孩子来分享，他们怎么可能买到很多很好的礼物呢?）

生：妈妈送给孩子的，是自己的爱心。

我：你们是从哪个词里体会到的这种爱心？

生：“担心”。

我：是啊，正是因为我们也爱我们的家人，我们才能够读懂那份伟大的母爱，而妈妈与我们之间的爱，永远是最真实的感情。

我刚刚说完，在扫视孩子们的时候，便看到一名名叫小琴的女孩眼眶红红的，悲伤的眼神令人望之心碎。我知道，她的妈妈在一年前因病去世了。也许，这篇文章正好勾起了她思念母亲之情。我很能理解她的心情，于是便说道：“小朋友，除了妈妈以外，我们还有许多的亲人，爸爸、爷爷、奶奶、外公外婆，而他们的长辈之情与母亲疼爱我们的感情也是一样的，现在，让我们再带着对家人的热爱之情，再去重读一下这篇文章好吗?”

听了我说的话，小琴的脸上愁云消失了，开始认认真真地读课文。

在语文课堂上，老师往往需要对孩子们进行即时的、瞬间的评价，这样才有利于促进孩子们的语文学习能力的发展，通过老师对学生合情合理的肯定，鼓励孩子们不断地进步与发展。而想要进行恰当的肯定，在课堂上注意倾听孩子们的发言便是最主要的。

在教《坐井观天》一课时，我请孩子们谈论一下自己的学习感受，孩子们畅所欲言，童言童语颇多有趣之处。当有个孩子认为青蛙跳出井口后就会知道世界有多大时，我顺势抓住了他的话，生成了一个教学亮点："是啊，原来还有这种可能性，可是，当时的作者很可能是因为时间匆忙、篇幅限制，忘记了这一点。现在，不如我们来当一下小编辑，将这一部分内容再编进去，怎么样?"孩子们的创造性思维与情感之窗被打开，他们精彩纷呈地续编了一则则青蛙看到精彩大世界的故事。在故事中，纯洁的心灵、真诚的孩童世界，读来分外令人感动，从而真正地实现了"以文载道"的教育结果。

赵老师通过仔细的留心与耐心的倾听，使课堂充满了人文关怀，并由此使教与学焕发了新的生命活力。由此可知，关注孩子们的细节，才能使课堂成为师生互动的舞台；关注他们的"细微小事"，才能使孩子们时时感受到老师有形与无形的关爱，而这些细微之处都将成为师生间情感互融、形成和谐教育氛围的催化剂。建立起了这一情感基础，师生间"教"与"学"必定是相辅相成的，而原本枯燥的课堂，也将呈现出"动态"的生命力。

4. 关爱特殊学生，形成学生互助

身为孩子的引领者，我们的责任是如何把孩子从幻想世界中慢慢导入现实生活。所以，懂得去学习欣赏孩子的优点，是给他们一个机会去引发他的潜能、激发他们无限的可能性。也是在帮助他们圆梦，为他们编织一个美好的梦想、一个活生生的梦想、一个快乐有趣的梦想。对于那些本身就有缺陷，或是各方面条件劣于其他学生的孩子们，教师们的关心、同学们的积极帮助，无疑会让他们产生更多积极向上的力量。

欣赏每个孩子的优点

教师 田静

假设在一张白纸上有个黑点，通常我们都只会注意到那个黑点，而忘了白色部分的存在。同样的道理，一个孩子如果有百分之九十的优点，而只有百分之十的缺点，一般的人似乎都看不见他的优点。某专家曾说：“倘若你用什么样的眼光去看你的孩子，他就会变成那样的人。”发明大王爱迪生读小学时，学校里的老师都认为他天生愚蠢、一无可取，并决定放弃教育他，其母亲倒觉得他与众不同，并不是别人说的那么笨。就因为她看待孩子的角度不同，结果就造就了更有自信的发明大王。

一（5）班的郭××是一名重度听障生，聪明可爱但很调皮。刚入学时，音乐课对于她来说没有任何兴趣。因为再美的音乐在她听来也是扭曲的，在音乐课上特别“活跃”。所以在以后的音乐课上我特别留意她，后来在一段观察后，我发现她的观察，模仿力特别强。在以后的每节音乐课上我都用微笑的眼睛提醒她看着我，并给她创造展示的机会，在同学面前表扬她。看她的口型多标准看她的动作多准确多漂亮。现在的郭××，在音乐课上认真听话，总是用眼睛盯着我，时时和我准备交流。

赞美、欣赏一个人的优点，虽然只是短短的一句话，却可以用最少的力换得更大的效果。看到孩子（学生）的优点，就要用语言去赞美他，甚至表示欣赏他，这样他才会演好自己的角色，经常用父母亲（老师）所看到的优点演给父母亲（老师）看。例如某个学生喜欢画画，倘若老师赞美他一句，表示欣赏他的作品，相信这位学生一定会越做越起劲。

学生中由于先天因素、家庭条件及生活环境的差异，造成学生在性格、智力、身体等方面存在差异的现象并不在少数。为落实全纳教育、全人教育及欣赏教育思想，我校在教师队伍中，结合自身实际，开展了“一帮助一”的活动。帮助内容包括经济上的支援、心理上的指导与训练与学习生活中的帮助。如校长在六一儿童节为学生购置书包、为家庭困难学生送上饱含深情的游泳卡；为提高教学质量英语教师为听障学生单独辅导、音乐教师自费学习手语等；在学生中主动照顾生病学生去厕所、背书包等，这些活动使家校联系进一步增强，同时也使学生感受到了学校的关爱、教师得以更了解学生、学生与学生之间能够相互帮助。

第七节 家校合作，引领家长参与欣赏教育

家庭教育和学校教育的统一对学生成长非常重要。如果两者发生冲突，会使得学生在情绪情感、社会认知等方面产生偏差，对学生的成长造成不良影响。因此家校密切合作、观念一致、共同育人是非常重要且必要的。在家校合作方面，我校主要采取了以下举措。

1. 建立父母欣赏学堂、讲座、博客，鼓励父母正确欣赏孩子

每学年开学初家长会，校长结合日常工作情况及欣赏教育成功案例，从学校校徽、校训谈起，深入浅出地对“欣赏教育”思想进行解读，然后班主任依据自己对欣赏教育理解，提出一些具体可行做法供家长借鉴，这些科学的欣赏教育知识的传递，使父母在教养孩子的过程中，能够更好地运用自我欣赏意识与能力，进而使欣赏教育可以在家、校两大孩子成长场所中得到良好的链接与发展。

随着信息时代的不断发展，沟通、交流、学习的方式愈来愈丰富、方便。学校、班级建立博客、QQ群等工具的作用日显重要。学校利用网站上传家长需要的学习材料，或解决育人的困惑，或与人以启迪。如推荐钱志亮关于家教方面的博文等，受到家长的欢迎，得到家长一致认可；班级博客、QQ群在家长互动时，解决了一些不必要的误解或矛盾。

分享孩子成长的快乐是每一个家长的热切欲望。我校“校园博客”的开通让家长第一时间了解了学校的各项活动，学校也在第一时间收到了家长的建议，及时改进工作。“家长走进学校”使上千人次的家长目睹了孩子们上课的表现，欣赏了教师们的教学风采，体验了和孩子一起参与的幸福，并给学校留下了反馈意见。他们懂得了孩子的成长需要“等待”；理解了家校合作的意义。一个又一个家长义工出现在教室、餐厅、亲子运动会的现场、社会大课堂的队伍中……

2011 年11月，北京师范大学家校协同课题组在对我校家长的调查问卷中，99%的家长认同学校的办学思想，87%家庭教育以欣赏、鼓励为主要方式，欣赏教育思想已在潜移默化中深入家长之心，改变着家长育人观念。

立体、多彩、无声的校园环境影响着师生的思想、情操、行为、习惯，这些美好的校园生活将滋养师生的一生。

2. 开设父母心理学、教育学课程，鼓励家长参与孩子成长过程

在孩子成长过程中，家长多半会因为自我教育知识的不全面、不系统，而导致在教育孩子的过程中错误频出。特别是对于那些对教育孩子存在焦虑感的家长，他们多半对孩子抱有极高的期望值，但又不懂得如何让自己参与到孩子的成长过程中。

为了解决家长们的这些困惑，我校开展了父母心理学、教育学的相关课程，对各年级的家长进行了分层次、有系统的教育知识传授。在帮助父母了解孩子在校学习、成长情况的同时，对孩子的成长特点、心理特点进行了相应的科学解释。

同时，学校还聘请了著名教育学家白士元教授进行《关于学生学习动力的培养》讲座，并在校园网、家校通等平台上，进行相关文章的推荐，引发了家长的共鸣，使家长对欣赏教育有所感、有所悟、有所得。

另外，学校还请一些在家教上颇有心得的家长进行经验的介绍，传授成功家教的秘诀，使家长的认识获得进一步的提高，使家庭的教育质量得到进一步的提升。这种家校联合进行科学教育的方式，更契合孩子成长的特点，同时也更有利于父母根据孩子的发展、发育采取相应的家庭教育。

3. 进行亲子性社会实践，增强学生、家长、学校与社会良性互动

家长走进学校，与孩子一起进行亲子性的社会实践，是进一步增强学生、家长与学校、社会良性互动的关键所在。为了进一步开动家长对于欣赏教育的积极性，使其对孩子在学校生活更加了解，我校进行了“邀请家长走进课堂”一系列活动的设计，其中包括：

走进校园——全面了解学校教育、教学活动及孩子在校学习情况；

走进校园生活——做学校义工，帮助学校组织学生活动、整理图书、拍摄活动图片、看管学生等；

走进学生活动——每年的亲子运动会，感受快乐。

除此以外，我校还利用传统节日与双休日，如春节感受民俗、母亲节体会母爱、双休日与家人展开活动的方式，增进孩子与家长之间的联系。在孩子与父母间进行了相关的活动之后，我们鼓励孩子将活动相片或是手工制作的结果拿到学校中进行展示，使孩子在理解家长、明白事理的同时，进一步推进孩子欣赏他人的能力学习。

一系列活动的展开，不仅使家长们对孩子的校内生活拥有了更深入的了解与认知，同时也使家长能够更科学地掌握学生的知识、成长变化，从而在家庭教育中，做到欣赏教育相关措施的调整，在进一步促进家校联系的过程中，使欣赏教育能够更有序、更全面地推进。

4. 特殊学生进行单独家庭交流或家访，提升欣赏教育质量

对于在学校内有表现异常、无法融入集体、与同学发生口角的学生，我们安排了家庭访问制度，以期进一步提升欣赏教育的质量。

在家访之前，教师需要进行事前的资料调查，调查内容包括：

·家长基本情况，包括工作情况、学历情况；

·家庭基本情况，包括家庭成员构成、居住条件、学生父母感情情况、家长

对于学生的具体成长要求；

·学生在家中的情况，如是否拥有良好的学习环境，学习时间如何安排，与家人交流相处情况如何。

我们的家访制度旨在与家长进行学生在校内的特殊表现或问题的沟通，共同商讨、协调出恰当的教育方式、方法。

同时，学校还制定了相关的家访要求：

·访问前，应根据孩子的实际情况，考虑好需要与家长交谈的问题，在访问过程中，要以诚挚的态度、恳切的语言、实事求是地对学生各方面的表现进行介绍，做到不夸大、不缩小。教师要先讲学生的优点，再指出他们的不足，最后提出相关的帮助、建议措施。

·在家访过程中，教师要根据家长所讲的内容进行记录，并认真地倾听他们的意见，在肯定与采纳家长合理化建议的同时，适时地提出自己的看法，与学生家长一起，齐心协力，共同做好对学生的教育工作。

·注意“十要”、“六必访”、“五回避”

十要：要有明确的目的；要有事先的准备；一般情况下，要学生在场；要讲究方法；要一分为二；要共同进行商讨，要听取相关的意见；要讲文明礼貌；要进行全面的了解；要迎难而上。

六必访：父母离异家庭必访、缺损型家庭必访、父母不在家的学生必访；有心理、生理障碍的学生家庭必访；行为规范困难的学生必访；存在明显进步的学生必访。

五回避：回避使用告状式家访；回避对家长进行指责；回避进行家访办私事；回避使用电话联系来代替家访；回避教师收受家长馈赠或应邀吃饭。

通过以上家访制度，我校教师得以对特殊学生的情况进行较好的了解，从而使家庭、学校能够形成凝聚力，为进一步促进孩子的发展共同付出。

5. *形成定期反馈制度，以保证欣赏效果*

根据家访情况、家长“走进学校”后的具体看法，我校邀请家长进行意见反馈，这种意见反馈除了使用表格的形式以后，还由家长利用博客、信件等方法，进行学校管理、课堂教学意见表达。

每一学期即将结束时，我们都会具体地将家长反馈制度分成三个阶段来实施：宣传发动阶段、组织实施阶段、评价总结阶段。

家长对学校的评价内容主要包括了：

·学校全局意见表达：是否依法治教、学校的办学思想是否端正？

·办学宗旨意识，学校、相关教师是否与家长进行了积极的沟通与服务措施落实？是否解决了相关的实际问题？在教育质量方面，是否存在相关的质量问题，家长认为学校应如何进行改进？

·师德、学风，包括教师是否存在体罚、变相体罚学生？是否存在与师德要求有不符合、使孩子们不满的地方？在课堂教学过程中，教师是否做到了将欣赏教育与自主学习、素质教育良好结合？

·学校管理是否合格，包括了学校安全、卫生、环境是否合格？校务公开情况是否满意？

整个家长意见反馈制度中，家长可以根据自我看法，向学校进行意见表达；学校也将针对家长的不满、存在的意见进行教学活动、学校环境的改善，以保证学校的欣赏教育能够获得家长的认可与支持。

第七章 欣赏教育的成果与反思

欣赏教育是一种积极的教育方式，它提出的前提承认每个人都有自己的长处与潜力，关键在于如何去发掘、如何去积极地引导。这种教育方式固然对旧有教育理论提出了批判，但也做到了较好的文化思想传承，并使教育在不同力量的共同协作之下，得以向着更具革命性的方向发展。在我校实施欣赏教育的过程中，我发现，通过欣赏教育，达到了学校与孩子一同成长的目的，与此同时，在落实该教育形式的时候，我们也有必要对其教育过程与教育成果进行相应的反思。

第一节 欣赏教育对学校发展的重要性

欣赏教育主旨在“促进个体生命的全面发展”，这一使命是欣赏教育的核心，同时也是指导日常教育、教学工作的指标。作为欣赏教育的提倡与引导者，我在实施欣赏教育的过程中发现，欣赏教育对于学校的发展拥有着长远而重要的作用。

欣赏教育实施中，史家小学通州分校所遇到的最大难点在于，如何在坚持一种美好、向善的价值观与文化愿景之下，打造拥有自我特色、彰显个性生命的学校文化，这是关系学校发展能否长久、学校教育能否出彩的重要问题。在管理通州分校的过程中，我认为，欣赏教育对于学校所起到的作用主要如下：

1. **帮助学校树立起了正确的使命与愿景、价值观**

使命即指学校所担负的责任，或者说，学校是在为什么而存在。

愿景即学校的蓝图，或者，在未来较长一段时间内，学校要去往哪里、要到达何方、成为什么。

价值观即学校对于善恶、美丑、好坏、成败的基本价值信仰与具体的评价标准，对于事物的意义、重要性的总评价与总看法。同时，将学校所拥有的多种价值进行二次整理，确立出先后顺序，便会成为学校的价值观体系。

走入一所校园中，你或许并不能直接看到使命、愿景、价值观，但是你却不得不承认，它们是一所学校最本性的东西，可以说，学校的每一个举措、每一项活动、每一间教室，都是建立于使命、愿景、价值观基础之上的。它是一个学校的基本行为准则，这一准则指导着全校师生如何去贯彻、去执行欣赏教育中的每一个细节，如何去关注个体成长过程中的每一个问题。

可以说，史家小学通州分校的使命、愿景与价值观，皆体现出了欣赏教育的核心，它是我们在具体的办学过程中，经过了苦苦思索、经由了充分的酝酿、讨论后，使用文本固定下来的。

自从2009年建校以来，学校便将“为每一个家庭提供最优质的教育服务，为每一个学生提供最优质的教育环境，确保每一个孩子健康快乐地成长，提升其生命质量，对学生的未来负责”作为学校的办学使命；将“让学校成为孩子们的向往之地，让每一个孩子的潜能都能充分地发挥出来，让每个孩子都在最大限度上拥有创造未来生活的能力”作为我们的愿景；而我们的价值观则是：“以欣赏教育为导向，以真、善、美为标准，以倡导个性化、差异化发展为主要标准，不歧视、不放弃、不冷落任何一个孩子。”

如今，学校的一切行政行为，都是对以上原则的守护，即，我们所做的一切，就是为了让这些美好的使命、愿景、价值观变成活生生的事实，而不是仅仅为一纸空文。

同时，学校中的每一位教师都可以以这份文件为依据，对任何一位同事或行政管理人员进行考量，因为，这些美好的期望高过所有的个体意志，我们要做的，就是对这些期望进行维护、坚守——这种使命与愿景、价值观成为了我们思考、行动的主要起点与参照，特别是学校的使命，更是成为了全体教职员工上上下下共同的追求——我相信，或许欣赏教育在其他学校中实施时会有不同的使命与愿景、价值观，但是，我们的目的皆是为了让现行的教育制度更加成熟。

2. 使学校建立起了校风、校训

学校的校风、校训是学校文化的精神性纲领，同时也是学校使命、愿景、价值观的简约化表达，其意味在于，使思想尚且不成熟的孩子也能够领会并贯彻学校的使命、愿景与价值观。

凭借自己从事教育行业多年的经验，我认为良好的校训应具备以下几点：

它应是从特定角度，去阐释学校“欣赏教育”的教育理念的；

它应与中国传统文化相结合，并能够给人以积极向上的力量的；

它应完全地属于学校自己——越是只属于自己，便越能启迪其他学校、展现自我教育理念；

它应以诗意化的语言实现言简意远，使自我主张得到含蓄而充分的表达，并能启发他人想象；

它应该拥有向上的力量，使师生骄傲、令他人向往。

学校的文化一般来自于两种：学校所拥有的深厚历史积淀，学校有意识的追求。这两点皆是史家小学通州分校所具备的，因此，我们的校风、校训也在凸显了文化底蕴的同时，显现出了学校朝向的理想境界。

格言式的校风校训，具有了高度的概括性与抽象性，所以，它可以被无尽地阐发，同时也可以启迪学生。可以说，对欣赏教育的推崇，让我们拥有了现有的校风校训——美是到处都有的。而反过来，我们的校风校训也让我们的学校精神变得具体而有声有色。

3. 使学校形成了新的制度

在欣赏教育的实施过程中，我通过种种的现象意识到，若想要巩固现有教育成果、使欣赏教育得以形成体系、能够走得更远，便需要建立起相应的规范与激励学校全体成员的具体制度。

学校的文化氛围是软制度，而学校的制度则是硬文化。可以说，制度是文化的体现与守护者，唯有学校管理制度清楚地意识到自己是文化的守护者，学校文化方能得以传承，而制度也将反过来受到文化的滋养与深化。

我一向认为，学校制度与规范的具体制定是一个平等参与的过程，同时也是学校管理者与全体师生都应共同遵守的“契约”。根据我校的管理实际需要，我校制定了多种规章制定相结合的管理方式，并在管理过程中，不断地对原有制度进行修正、改进，使学校管理行为逐步规范，管理水平不断提高。

在我们的制度具体动行的过程中，欣赏教育起到了不容忽视的作用，我们所遵循的，依然是“人人都渴望获得欣赏”的教育秘密，因此，我们采用的是，永远表扬那些基层工作者中的优秀者，这些优秀者在学校中形成了榜样，对学校的文化建设、教育进程、校风维护起到了巨大的推动作用。另一方面，我校也极少直接批评那些未达到优秀水平的教师与学生，这样做的原因只是因为，欣赏教育让我们明白，将目光与精力耗费在消极因素上，不如毫不吝啬自己的诚意与言辞，去对出色者进行赞扬。

在具体的管理过程中，我们遵循欣赏教育的原则，一方面对教育教学榜样进行扶持与展示，使榜样得到认可、获得骄傲；另一方面，我们也在不断地保证进行其他成员的潜力开发，这样的双重保障让学校具有了积极向上的氛围，同时也让欣赏教育拥有更强大的、爆发巨大能量的机会。

欣赏教育一方面既指明了学校的发展方向，另一方面又使学校上下通过贯彻校风校训，不断地审视自我发展过程，同时也使学校建立起了有效的制度来保障既有教育成果。这仅仅是欣赏教育对于身为教育方式主导单位的意义，除了对学校产生重要的作用以外，欣赏教育还对其他教育主体产生着重要的作用。

第二节 欣赏教育对教师成长的意义

欣赏教育对于教师成长所起到的最主要作用在于，它建立起了一个适合教师专业发展的重要空间。

1. 使专业群体成长体系得以形成

目前，在绝大多数的学校中，教师之间往往呈现为陌生状态，这种情况一方面是由于现代人心理戒备过强而造成的，另一方面也是因为教师之间孤军奋战的教学局面而导致的。这种同事相处的状态使教师对教学活动的摸索处于个人思维障碍的阻碍之下：因为自我所存在的偏见与误解，而导致对问题无法进行深入的剖析。在欣赏教育的帮助下，我校建立起了相应的教师成长、交流制度，形成了教师之间良好的意见、消息沟通对话传统，使教师之间能够借助于欣赏教育这一大背景，形成专业发展的协同作战。

为了进一步发掘教师潜能，促进教师间的交流与协同，我校先后制定了《北京市史家小学通州分校学科带头人、骨干教师选拔和管理暂行办法》、《史家分校教师可持续发展标志》、《史家分校教师队伍六年建设规划》。同时，为了保证每一个骨干教师具有可持续发展的动力，形成骨干教师梯队，学校还为不同层次的教师搭建成长与锻炼的平台。

首先学校为每个教师建立了成长档案，每年的9月为个人成长计划制定与整理月。新入校的教师认真剖析自己，制定三年成长计划；老教师整理自己上一学年的成长资料归档。三年后进行成长过程资料的展示。其次自2009年11月的第一届欣悦杯教学评优活动后，学校计划开展“一杯一坛一新一汇报”活动。“一杯”即每年10月～12月全员参与的“欣悦杯”课堂教学评优活动，至今已进行两届，从最初的全员参与的单纯课堂教学展示发展成多层次进行课堂教学展示与学科基本功展示结合的综合评优活动，使每一位教师的风采都有展示的空间，同时也使我们发现了骨干后备力量。

在活动中，我们充分地考虑到了教师整体性目标与阶段性目标的结合，力求使每一个成员都能够在心中明白共同体的方向与价值，在团体活动中不断地证明自我存在的理由与意义，在活动中体验到自我成就感，这是保证单个教师能够持续参与群体成长计划的活力来源，同时也是激活群体成长计划与持续发展的最主要因素。

同时，欣赏教育在我校的实施，也使教师的课程建构意识得以构建，使教师的课程开发能力获得了提高了。在校本课程的开发与实施中，校本课程团队的大部分教师已经把校本课程作为提高自己科研能力的平台。2009年通州区校本课程课堂教学大赛上1名教师获一等奖，四人的个人课堂教学设计获一、二等奖，王立宁老师的《魅力皮影》课堂教学设计在北京市校本课程教学评优中获一等奖，教学设计被选入《中小学优秀地方课程与校本课程设计选辑（六)》。

此外，我们每个月都会组织教职工意见交流大会，在会上，学校的中层管理人员、普通教职工，都会不断地发问，围绕如何促进老师专业化成长展开热烈的讨论。

在会议上，我们始终围绕着“让老师在自我诊断中成长”这一主题，开展了“实践反思、同伴互助、专家辅助”的成长模式，使每一位老师都深受启发。学校以年级教研组为单位，根据本组室的特意进行相应的诊断标准的制定，然后老师根据标准进行自我诊断，在此基础上，进行行为与教学方式的调整与矫正。这种诊断对于年轻的教师明显更加有效，因为他们虽然干劲十足，但是很多时候都是因为找不到具体的方面而使自己无法更好融入教育工作中。而当一份自我诊断书放在他们的面前以后，他们便会看到一份很好的标准，在针对具体案例进行诊断的过程中，老教师的丰富经验、专家成员的意见对于他们而言就是最宝贵的财富。

其实，有关教师间相互促进发展的问题，一直都是古今中外著名教育学者所关注的重要问题。中国著名教育学家孔子早就讲过“独学而无友，则孤陋而寡闻”以及“三人行，必有我师”的道理。我们的各种举措其主要意义便在于，借助于欣赏教育已形成的有效体系，使“一群教师”转变为“教师群体成长体系”，从而达到支持与帮助教师不断地改善、完善自身教学实践的同时，帮助他们进一步解决因为现代社会大环境变革而出现的危机感与不确定感，使教师们去自如地应对不断变化的环境与新的挑战，并最终寻找到自我职业幸福感，从而为学校、为社会、为欣赏教育的发展提供基础的组织与精神资源。

2. 使师道尊严得以回归

“师道尊严”在我国素来有极深的历史渊源，但是如今，我们身边却越来越多地出现了教师得不到尊重的现象，造成这种现象的原因，固然有知识传播渠道增多所造成的教师传道授业解惑之能力被分享，另一方面，社会整体知识水平的提高，再加上各种其他名、利等负面因素大量加入个人评价系统中，使得教师以往的崇高性极难再现。再加上有些教师本身就缺乏学习的意识，自己在时代竞争背景之下落伍，以陈旧的观念与知识来教育孩子，就更得不到学生们的爱戴了。

不管是何种人群，其本质需求也总归会有渴望得到尊重与欣赏的愿望，若是作为学生的教育者与引路人都得不到欣赏的话，又如何期望他们去欣赏学生？在教育活动中，教师的一言一行无不影响着孩子，我们甚至可以说，教师对孩子的一生起着重要的示范与榜样作用。教师是学校发展的主体，是教育活动的引导者，是学校走向成功的基石，更是学生走向理性与思维成熟的引路人，只有充分地发挥教师的主体作用，使教师的个人智慧得到充分的发展与他人的赞赏，教师才有可能积极对待教育活动，才有做好本职工作的内驱力。

欣赏教育对教师的发展所发挥的最大作用就在于，它将尊严还给了教师，而将尊严还给教师，就等于将学生的未来还给学生自己，将社会的未来交给“园丁”去培育，将国家的未来交给“人类灵魂工程师”去开发。同时，欣赏教育使教师在实施欣赏、付出爱心的过程中，同样可以得到他人的尊重与欣赏，而他们从学校大集体、同事成长群体、班级小集体中所获得的荣誉与认可，对提升教师个人的幸福体验、增强其负责心是至关重要的。

使教师生活得更有尊严，从而使其职业幸福感得到有效的提升，正是我校在进行学校管理与欣赏教育推进过程中所追求的一大目的。在这方面，我校五年级班主任代颖老师做得很好。

人的个性本身就是千姿百态的，也正是因为这种差异性，所以人与人之间的交往才会呈现出丰富多彩的一面。教师本身也是有个性的，学生使用欣赏的目光去对待每一位教师，可以使教师感受到自己身为教师的荣誉，而这种荣誉正是他们在本职工作上不断努力、不断付出的根本推动力。四年级的孩子已经不像初入小学的孩子一样崇拜教师了，他们不会再继续拿老师的话当圣旨，他们的批判性思维也日益发展起来。在这种情况下，他们开始向自己的父母、老师进行挑战，并质疑那些自己认为不正确、不恰当的事情，在面对老师时，他们的挑剔便多了起来。

面对这种质疑与挑剔的日益增多，强硬的压制明显不行，我与他们进行了探讨：人无完人，我们需要去看到老师的付出。有些老师未必讲课精彩，但是，他们在课后辅导与作业方面有着出色的一面；有些老师可能态度过于严肃，但是，对学生们的严格本身就是一种敬业与关爱精神。孩子们应该学会通过自己不喜欢的表向行为去捕捉老师的闪光点。

但另一方面，我也意识到，孩子们之所以会对老师变得挑剔起来，刚刚接触时的不适应是最大的原因。于是，我在每接一班新生时，都会特意利用几次班会时间，请老师在班会上发表演讲，介绍自己的讲课特点与性格特点，而我也会引导孩子们在新的学习过程中，对每一位老师的风采进行欣赏。如果中间出现了更换老师的情况，我也会请新老师多与孩子们接触，以使孩子们能够对新老师留下第一印象，避免先入为主的负面看法。在这种情况下，很多孩子在看到新老师以前，已经对他的个人风采、学识修养有了一定的认识。在接下来的任课过程中，孩子们在看他时的目光也会调整得更好。

老师与孩子在具体的教育过程中难免会出现一些不可避免的矛盾，在任课老师与孩子们之间出现问题时，我往往会介入，在向矛盾的双方进行了深入的了解以后，再引导孩子们去正确地评价老师，发动孩子们去给老师找优点，同时，我也会将学生们对老师教育教学过程中所产生的意见与建议及时地反馈给任课老师，一起进行教法改革的问题与孩子们教育问题。

平日里，任课老师往往不如班主任那样，与孩子们有着较多的交流。为了增进孩子们与老师的感情，了解到老师的优点，我还会创造机会，让老师与孩子们进行多交流，如，在开展班级活动时，邀请相关的任课老师进行参与，或是请他们组织一些学习方法与策略的探讨、交流活动。而这些活动不仅有利于师生双方互相发现、彼此欣赏，同时也建立起了融洽的师生关系。

毕莉媛老师身为班主任，自己首先建立起了欣赏老师、尊重老师的意识，并通过一系列的举动，不断地带领着孩子们去了解、去接触老师，看到老师的发光面，从而使师道尊严得到了有效的维护，使孩子们能够去欣赏、去理解老师。

孩子对教师的欣赏是使教师建立起自尊、自信的根本，而学校管理对教师的欣赏则是教师获得更强前进动力的关键。我个人认为，教育工作的成功与否，与教师的心态有着密切的关系。想要让教师快乐地工作、美丽地生活，学校领导便首先要用乐观的心态去看待教师们。教师可能不够成熟，但是唯有敢于欣赏教师，教师才会拥有更大的勇气去创新、去改革自己的教育方式。因此，教师有一点点成功，校领导都应进行及时的表扬，而包括校长在内的管理层人员在看待每一位教师时，其眼神都应是欣赏。所以，在具体的管理过程中，我从来不会轻易地批评教师，在对教师进行评价时，我更侧重于这种评价是否能够起到激励与导向的功能，因为这种评价本身对教师就是一种很大的鼓励。

3. *使个人专业化成长得以实现*

欣赏教育对于教师成长所产生的另一重要意义在于，它使个体教师可以感受到自我成长，同时这种“专业化成长”又往往会在欣赏教育的具体实施过程中得到公众的认可，在这一过程中，个人在教研过程中所获得的成就、所取得的经验、所存在的不足都能够得到认可与指正，从而达到真正的全面发展与全方位纠错。

我校王立宁老师的欣赏学习与他对欣赏教育的认识，能够更直接地表明对于成人而言，在教育的过程中树立起正确的态度有多么重要。

我今年32岁了，但我还不“成熟”，为什么要这样说呢？我这人嘴很笨，有些事做得到，但说不到。有人会说你这不是在夸自己么。在教学工作中我要求自己精益求精，但是要让我把经验用文字的形式来表述，那就是粗制滥造了。很可笑吧，这就是我。

我为什么要说我在被欣赏中成长呢？这话还要从我刚来史家小学通州分校开始说起。

来校第一天我知道了我校的办学理念“欣赏教育”，那也是我第一次听说“欣赏教育”。通过学习、读书我知道了什么是欣赏教育，初期在教学中我也尝试了欣赏教育，觉得自己只是敷衍了事。但通过一些亲身经历之后，我终于明白了什么是欣赏，怎样欣赏。这归结于李校长对我的欣赏。可以说我在李校长的欣赏中成长了。

第一次体验到欣赏，我记忆犹新，虽然那只是一句话，但让我在今后的工作中加倍用心。2009年暑期的作业（日记本）交上去没过几天就发回来了，在最后一页上多了这样一句话：“很有想法，祝你成功，体验幸福！（阅9月11日）”当时我就像个孩子一样高兴得不得了。又把自己的感想读了一遍，“要实施欣赏教育首先要学会欣赏。学会欣赏自己，再到欣赏别人，最后教会学生欣赏。要享受欣赏给自己带来的幸福，学会以欣赏的眼光看待自己的工作、看待课堂，从而享受课堂；学会以欣赏的眼光对待学生的主题生命，从而享受和谐的师生关系。”我第一次发现自己也挺有才的，这话说得多好。从那起，我开始学着欣赏自己了。把所有的教学反思写在这个笔记本中。

第二次被欣赏，只过了一个月，那是两句指明方向的话：“如果反思有主题就是一篇非常好的案例！围绕最深刻的一点确立反思主题！”之后我把反思写成了案例上交参加了评优。我从不会写文章到参加评优都是在欣赏中获得的。从那起我开始欣赏别人了，首先用宽容的心对待每一个孩子，不论他是好还是“坏”。

第三次被欣赏，我感受了成功。在假期里李校长安排我准备骨干教师讲坛内容——“怎样备课”的经验。这可把我难坏了，的确，每一课的教案我都是非常用心准备的，但是要让我说一说、讲一讲怎样写的，我可真不知如何入手。通过和李校长的交谈，我受到了启发，找到了一些方法。在将自己的稿件交上去之后，这篇稿件受到了其他同事的赞扬与认可。

第四次被欣赏，则是在教学时间的设计上。当时，李校长告诉我，板书设计不能局限于“课题+范画”，教案就有了流动的生命。

我还记得在有一次向李校长请教时，她对我说：“本次的修改比上一稿具体多了，更有自己的特色了，我又提了些意见，不过，仅供你参考。你的经验真的很有特色，特别值得教师们学习，可能平常不善于总结吧，写起来有些困难，没关系，准备充分我们再亮相，经历了这一次，以后再写稿就不是难事了。我相信你的讲座肯定是对教师们启示最大的。祝你成功！”每提意见之前，她先进行表扬，使我找到成功的感受。我就是在这样的欣赏中完成了自己的很多出色文章的。

付诸于欣赏其实很简单，几句赞誉的话，一片掌声，甚至一个会心的微笑，一个鼓励的眼神……但欣赏所产生的力量却显示了它惊人的效果，往往令人喜出望外，叹为观止。冰心说过：“世界上没有一朵鲜花不美丽，也没有一个学生不可爱。”我就是李校长的学生，我就是这样在李校长的欣赏中成长了。从不会到会，从失败到成功，我受到了欣赏，我学会了欣赏，所以我将要学着去欣赏别人。要在欣赏中享受幸福！因为，当你孤芳自赏、鄙视别人时，你就会觉得世界太狭小，生活太单调；而当你学会了欣赏别人，用欣赏的眼光看待世界时，一切都会变得美好奇妙。

自我对欣赏教育所产生的积极认识，让王老师对欣赏有了更直接的感受，而这种感受也会不断地陪伴着他，在日后的学习与工作中，融入具体的行动中去，正确的欣赏教育中，教师的态度应是在几种态度的综合之下，有意识对自我言行进行监控，并采用一些特别的方式，逐渐地探索、掌握学习的方法。

国家教育部早在2009年便提出了“教育技术培训促进中小学教师专业化发展”的计划，同时指出：“教师专业化是一种职业国际教师教育发展趋势，是我国教育发展的客观要求。教师教育支撑教师专业化水平的提高，教师专业化引领教师教育的改革发展。”可见，教育的发展离不开教师的专业成长，而欣赏教育所贯彻与执行的各种方针与举措，的确可以达到促进教师专业化成长的目的。

首先，欣赏教育为教师的专业成长营造出了良好的氛围，在群体欣赏中，个体的先进经验得以发挥，缺陷得以被指正，同时，个人能够依据他人的成功经验与自我的特定，设计出自我职业发展规律，从而达到不断提升、改造自我的目的。

再者，欣赏教育所建立起来的评价体系更为客观，以学校为引导、以学生为主体、以其他教师、家长为主要参考意见所建立起来的期待与评价多半是朴实而有效的。这种评价可以有效地让教师在意识到自我优势所在之外，还能够更及时地提升自我不足之处，并建立起科学的自我发展计划与体系。

欣赏教育不仅能够让学校培养出一批又一批的优秀学生，同时还会力求成为优秀教师成长的摇篮。“路漫漫其修远兮，吾将上下而求索”，在欣赏教育大体系的支持之下，每一位得到欣赏的教师都会树立起“以校为本、以生为本”的责任观念，在不断提升自我能力的同时，乐于积极地呵护孩子们的健康成长。

第三节 欣赏教育对学生成长、自我发展的作用

没有教不好的学生，只有不会教的家长、教师——这句话用在欣赏教育中极为恰当。学生之所以会被认为“教不好”，其原因就在于，他在除了学习以外的潜能与特长未能得到他人的重视，而欣赏教育所起到的作用就在于，注重孩子的全面发展，让每一个孩子都有自己的骄傲。

1. 让孩子感受欣赏自我

欣赏教育在对孩子认识自我的过程中所发挥的最重要作用在于，它让孩子的荣誉感来自于自我行为，即让孩子形成从自己的行为中获得满足与动力的能力，或者说，它帮助孩子学会了自我欣赏，而不是依赖于外来的——家长或社会、教师的奖励。这种依赖自我能力的形成，可以让孩子不再将期望寄托于他人身上，同时也避免了他们因为外界环境与评价变化而引发的失落与自我否定，并让他们懂得了自我才是成功的基础，才是最好的奖励者。

虽然这种自我欣赏的能力需要靠家长、教师与学校的帮助才能正确树立，但是，这一教育方式却完全性地避免了孩子在“无外界刺激、便无作为”的现象出现，在欣赏教育的过程中，孩子的自主性、能动性得到了充分的发挥，他们能够

且愿意去客观而真实地评价自己，同时愿意为了成为更好的自己而努力。

2. 让孩子充满自信

无可否认，不管是在智力、体力还是在处世能力上，自信心对于个人的一生都是至关重要的。一个缺乏信心的人，便会在各种能力的发展上缺乏足够的主观积极性，特别是对于学龄期的孩子而言更是如此，来自于成人、同伴的欣赏对于自我欣赏能力的形成尤其重要。

欣赏教育要求教师去相信学生、热爱学生，并在面向群体的同时，承认差异、尊重个性，同时以因材施教的方式，不断地通过发现个体身上的闪光点，来帮助孩子们树立起自信心，并进而形成“你可以，我也可以，我们都可以”的大氛围中，让孩子们学会自信，树立起积极的人生观。

欣赏教育帮助那些在学业上并不出色的孩子找回了失去的自信，使他们精神世界的大厦得以重建，同时也找回了自我教育的能力，它在一方面培养孩子拥有了健康人格的同时，还让孩子们得以发现自我多方面的潜能，并进一步地增强了个人信心。

3. 让孩子懂得欣赏周围的美好的人和事

欣赏教育还赋予了孩子们感受美好、欣赏善良的能力，在拥有了自我欣赏能力之后，孩子们往往能够更细致地观察生活，同时还能够提升自我对善良、美好、积极等正面力量的感知能力。在接受欣赏教育的过程中，孩子们的人格得以全面发展，他们对生活的关注不仅仅再局限于课本，而是在于建立起正确的人生观与价值观，并力求让自己在拥有科学的学习方法的基础上，促进道德上的完善。这种人格化、情感化的教育方式能够让孩子们有机会、有能力去发现那些最细微的美好存在，而他们的内心也会因此而变得更加敏感、更加诗意，他们在自我拥有了积极的阳光心态之后，在面对美好的人与事时，他们也会更乐于去奉献自己的欣赏，让他人感受到乐观与积极。在这一过程中，孩子不再是简单的受教育者，而是变成了欣赏教育的实施者与发扬者。

4. 让孩子具有感恩之心

欣赏能力的提升，会让孩子发现他人对自我成长所进行的巨大付出。现代孩子多在家庭的溺爱中成长，也正是因为如此，他们感知爱的能力大大下降。但是，在接受欣赏教育的过程中，孩子们的爱人之心会慢慢地苏醒，他们会愿意去与人合作，愿意去支持与理解他人，同时，他们也会看到父母、老师、学校、社会对自己的关爱，并愿意对这种关爱进行回馈，进而使欣赏教育形成良性的循环。

第四节 对欣赏教育的几点反思

我曾经读到过这样一个小故事：一位记者正在采访一位曾经教育出了无数杰出人物的教师。记者以恭维话作为了两人交谈的开场白："我是这样理解您是如何成功的，您是一位伟大的老师，恰好，您又遇上了无数伟大的学生，所以，您才会有今天的成就。"

这位老师却打断了记者的话："不，您说错了，世界上并不存在伟大的老师，更没有伟大的学生，只有伟大的教育方法。"

记者颇为不解："伟大的教育方法?"

"这种伟大的教育方法就是，欣赏、欣赏、再欣赏，永远欣赏!"

最真诚的慷慨就是欣赏他人，在待人处事间，我们往往会发现，那种最能够促进人际关系的灵丹妙药就是真诚与慷慨的欣赏；而当我们把这种真诚与慷慨真实地运用到了我们的教育实践中后，我们也可以发现，给予鼓励、赞扬与感谢等欣赏行为，不仅会使孩子们的成长得到积极的力量，同时更能够使整个教育环境更加清明。

"欣赏教育"在本校的成功，对于孩子、老师与家庭来说无疑是一件幸事，因为在"应试教育"依然占据了上风的今日，对于孩子们与老师而言，"欣赏教育"正是他们成长急需的。美国哥伦比亚大学的心理学家曾经针对"人们最怕什么"进行过调查，结果显示，对于生活上的苦、学习上的累，人们都无所畏惧，而让世人最胆怯的事莫过于人格受损、面子丢光。长期的"分数决定成败"观念的压制下，孩子们的纯真天性需要欣赏，就如同花草需要阳光、雨露一般；"金钱至上"的职业价值观衡量下，老师的师道尊严需要回归。

其实无需讳言，我们在当前的教育环境下之所以需要强化"欣赏教育"，首先是因为我们惯用的赏识远远未能达到理性的高度与人性的广度。说到理性的高度，人们不难发现，教师、学生、家长对"欣赏"的认识往往停留在一时、一事的褒奖与激励上，而人们身上真正的"闪光点"极少被提升到能够促进其终生发展的高度上去强化与发扬。

在对我校的欣赏教育成果进行总结时，我发现，由于经验的匮乏，我们的欣赏教育依然有许多可圈可点之处。这些可改进之处可以归结为以下几点，它们未必全面，但对我们正确实施欣赏教育还是拥有一定指导作用的。

1. 欣赏教育应真实可行，而不是流于形式

在欣赏教育的实施过程中，有些教师往往会为了达成自己做到了“欣赏”，而单纯地“为了欣赏而欣赏”；有些学校甚至会使用“人人皆能得奖”的形式，来实现欣赏教育。诚然，欣赏教育对学生的成长极为重要，但是，若将欣赏教育流于形式，使真挚的情感流露于单纯的虚情假意，便会使欣赏的目的沦落，同时也会使孩子变得不再对欣赏有所触动。

“教育内在于一个人文的世界。在这个世界中，教育的方向和效果更多地取决于我们的信念和期待。”读到这一段话，在我的脑海里忽然想到了这样一个故事：

罗杰斯是一个出生在黑人家庭里的孩子，从小就在贫民区里生活，养成了许多的坏毛病，特别是在上学的时候，更是打架出名，学习一塌糊涂。可是，有一天，他的老师看了看他的手相后非常肯定地对他说：“罗杰斯，告诉我你最大的愿望是什么?”罗杰斯说：“我最大的愿望就是将来能吃饱肚子。”老师摇了摇头说：“你辜负自己了！你的手相反映出，你将来至少要成为一个州长。我的孩子，好好学习吧，你可不能辜负自己啊!”罗杰斯从老师肯定的目光中受到了鼓励，他相信老师是不会错的。从此，他改变了自己，因为从那时起他就开始学习在未来的岁月里，怎样当好一个州长！他成功了，后来他真的成了美国有史以来的第一位黑人州长!

这个故事让我深刻地体会到作为一位老师尤其是班主任对学生应该抱有希望，应该持有积极的心态，应该看到学生美的一面。

在我们的日常教育中也经常碰到一些行为困难学生，他们时不时会给你制造些麻烦，要不上课不专心，要不不能按时就寝，要不与同学产生争执，要不与老师发生矛盾。有时真的觉得好累，好烦；也曾经徘徊过，抱怨过，觉得学生为什么如此不懂得珍惜学习的机会，为什么不能按要求完成某些事，当精疲力尽时真的想放弃他们。但作为老师的天性告诉我，我不能这样做，否则他们就真的会被淘汰，会离正常的轨道越来越远。于是我开始去寻找他们身上的优点，不断地鼓励与激励他们。

我在实际的教育中体会。对比发现采用肯定、欣赏的方法比较有效，因为最顽劣的学生他们也会被感化。所以我们应该做一个持有积极心态的老师。

其实心理学家早在十多年前就已经揭开了这个心理的奥秘：一个人心灵深处的信念，也存在着一种能量场，并通过这个“场”能把这种信念的能量传递给你

身边的人；如果你从未怀疑过自己的学生或孩子会成为一个优秀的人，那么他就会从你信念的能量场中接收到你的这一信息，并且又会把这一信息变成他奋斗的动力；相反，如果你总是持怀疑的态度，那么，这包含着一定会失败的信息也会摧毁被怀疑者最后的信心，而学生或孩子也是最容易从自己的老师或家长那里，接受这一信息的心灵最敏感的人。

心理学家把我们内心所持的成功信念，叫做积极的心态；而把我们所持的失败信念，叫做消极的心态。一个持有积极心态的老师，可以说是学生未来的福音，因为这样的老师就像是阳光充足的肥沃的田野里，落入田野里的种子，他们不但能开放出美丽的花朵，当然也能结出丰硕的果实；而一个总是对自己的学生持消极心态的教师，就会在对学生的挑剔中毁了他们心中最美的东西。我们应该对自己的学生所具有的优点和长处，始终抱着一颗欣赏和赞美之心，并相信这些优点和长处在未来的岁月里，必能结出累累果实，他就真的会像向日葵一样，始终向着你的欣赏和赞美的阳光灿然如霞地开放，会一直从你欣赏的阳光中吸取能够给自己带来发展的营养，不管以后会在前进中遇到什么样的坎坷，他都不会怀疑你对他当初的肯定。

美国学者麦克默林指出：“情感的因素是学校教育的基础。”失去了情感的存在，欣赏教育便会沦为沙漠化教育。现实生活中，虚情假意、为了表扬而表扬、为了欣赏而欣赏的行为实际对欣赏教育毫无帮助，反而是在从情感上淡漠与疏离教师与孩子之间的情感，而欣赏性师生关系最重要的内容就是“由情促教”，在情感的理解、信任、爱与被爱过程中，得到彼此的升华。因此，在教学过程中，教师应避免将欣赏流于形式，更不能虚情假意，而是应发挥自己的教育能力，灵活多样地进行教育情境的设置，在引发学生情感触动的同时，实现知识与欣赏教育的双重目标。

2. *欣赏教育应保持真诚，而不应明褒暗贬*

好话反说即说反语，这种明褒暗贬的欣赏方式将会对被欣赏者产生极大的负面影响。它所产生的最大坏处在于，对于年幼的孩子而言，他们会误将反语当真，并坚持自己的错误行为；对于已有语境辨别能力的教师而言，这种明褒暗贬毫无疑问将会伤害到他们的自尊心，并有可能引发他们激烈的反叛之心。

曾经听过这样一段笑话：某外地歌舞团来到宜兴某镇举行歌唱会。一位演员演唱一首广为人知的歌曲，但唱得比较平淡而又乏味，观众席上顿发一阵唏嘘声，接着又引发一阵起哄啸叫声，观众一起用方言齐喊“下去”、“下去”“下去”。在宜兴方言中的发音类似于“OK”，观众“下去”、“下去”的叫喊声一浪高过一浪，可奇怪的是，那位歌唱演员却越唱越尽兴，愈发投入，歌居然越唱越好，最后，优美的歌声打动了在场的每一位观众的心，进而剧场内爆发出一阵雷鸣般的掌声，齐喊再来一首，那位歌唱演员一发而不可收，又尽情地续唱了好几首。

在这个笑话中，歌唱演员原本索然无味的歌声引发了观众的起哄声，是一次不成功的演唱，但由于演员是外地歌手，听不懂宜兴本地方言，观众一阵阵“下去”、“下去”的方言叫喊声，他误以为在齐喊“OK”、“OK”的赞赏声，于是受这个赞赏声的激励和感染，激发了他的演唱热情，真情投入带来的优美歌声，真正引来了一阵阵观众内心由衷的“OK”声，观众报之以热烈的掌声。试想，如果那位歌唱演员能听懂宜兴方言中的“下去”声，还会有后来的精彩表演吗？至多只是应付了事，“坚持”唱罢，曲终人退。正由于语言不通产生的“表扬”、“激励”，促发了他的激情投入和精彩歌声，最终倒喝彩滋生了真喝彩。

这一笑话对我们的日常教育工作又何尝不具有深远的启迪意义呢？在平常的课堂教学和辅导学生过程中，我们某些老师对学生的一些差强人意的表现，往往表现得更加差劲，就像观众起先喝倒彩的“下去”声一般，总是好话反说、明褒暗贬。如教学中，在学生对问题有独到见解，对教师的思维进行反驳时；回答问题有所偏差，一时语塞，几次引导未果时……教师往往为求一时安宁而不分青红皂白，不顾学生思维简单粗暴地阻止，或冷而待之，或嗤之以鼻，甚至大声训斥。久而久之，造成学生心理一直处于防御状态，学生一进这样的课堂和一见这样的老师就胆战心惊，学习时，总是揣摩老师在想什么，就是教师说错了，也乐于听从，毫无辩驳意识。从而磨灭了学生的学习兴趣和探究乐趣，抹杀了学生的创新精神、创新个性，学习也就越发差强人意。而有些管理层人员在面对老师提出的意见与建议时，也往往会以好话反说的形式来表达自己的不满。

其实，作为老师、作为管理者，我们又何必吝啬表扬呢？多给学生与老师一些“不错”的赞扬之声吧！美国著名心理学家詹姆斯说过这样一句话，“人性中最深切的本质是被人赏识的渴望”。每一位老师与学生都是一个活泼的生命个体，他们有自己的思维与追求。他们希望得到外界的欣赏、表扬和信任。我们应信任学生，对他们充满希望，唤醒他们的自主意识，激发他们的学习知识、创新教学过程的热情。

教师要尊重学生的人性，张扬学生的个性，管理者应尊重老师的人格，使老师的意见能够得到倾听。当学生与老师遇到困难、遇到挫折，甚至出现错误时，不要埋怨，不要横加指责，静下心来和他们谈谈，帮他们分析一下原因，使他们走出心灵的困境；同时高度重视个体的个性，善于发现个性，研究个性，坚持教育与管理目的、方法、教学组织多样化、灵活化、个别化，有效实施因材施教。挖掘每个学生、每位老师的特点、优点和闪光点，教师适时、适度的真情鼓励和赞赏，恰如雨露滋润学生与老师的心田，让学生与老师充满自信，相信“我行、我一定行”，进而扬起前进的风帆，品尝成功的喜悦。

只要我们每一位教师、每一位管理者怀着谦逊的品质，赋予学生与普通老师一片真挚的爱心，真正做到信任欣赏他们，尊重他们的人格，那么，我们的课堂必将是充满人文关怀和张扬师生个性的天地，我们的学校必将是一个充满了爱与关怀的氛围，我们的教育必将散发出绮丽的光！

在欣赏教育实施过程中，我们需要清楚地认识到语言的威力：运用得好，语言会使孩子获得积极向上的动力；运用得不好，便极有可能对孩子造成一辈子的伤害。因此，当我们需要批评时，最好以直接的语言或行动来告之孩子，以提醒、启发代替指责与控诉，而不是采用明褒暗贬的方式，让孩子“慢慢领会”——孩子不具备此类能力，同时他们也无法真正地领悟成人说此类话语的原因；老师虽然有此能力，但是他们的自尊却会因此而受损，他们的教学积极性也会因此而受到打击。

3. *欣赏教育不应沉溺过往，苛刻要求*

欣赏教育的实施者需要明确的是，不管被欣赏者在过往时间段内所表现的是差还是好，都无法决定其未来的具体走向。教学方式差的老师在受到了欣赏之后，或许可以在教学方式上获得大幅度的进步；爱捣乱的孩子也有可能在受到欣赏之后，迸发出无数的新奇创意。这正是未来的美好之处：人人都有无限的可能。因此，对他人进行欣赏时，切忌不可过度地沉溺于过往，而是应向前看、向未来看。

而另一方面，在向未来看齐的同时，我们也需要明确，欣赏要以没有压力的方式来表达。过分的关怀、随时随地干预，不顾及他人的意愿、不管对方是否需要，便随意实施欣赏教育，实际上是以欣赏的名义来满足自身的需要。欣赏本意在于促进与激发个体的成长，但是过分苛刻的要求却会让欣赏沦为压迫。不追究、不强求、不苛求，正是我们进行欣赏的正确表达，同时也是欣赏教育能够被愉悦接受的前提。

我曾看过这样一则故事：一个青年来到绿洲，碰到一位老者，年轻人就问："这里如何？"老者反问："你的家乡如何？"年轻人答："糟透了，我很讨厌！"老者接着说："那你快走，这里同你的家乡一样糟！"后来又来了一个年轻人问了同样的问题，老者同样反问，年轻人回答："我的家乡很好，我很想念家乡的人、花、事物……"老者说："这里也同样的好！"旁听者觉得诧异，老者说："你以欣赏的态度去看一件事，你便会看到许多优点，以批评的态度你便会看到无数的缺点。"

故事中，老者的点拨也可以使我们意识到生活是否幸福取决于自己的态度，一切正如老者所说的那样，态度决定一切，头脑中的消极意识会遮住发现美丽的双眼，凡事只看到不好的一面，纠结于此，那将注定生活便是悲哀的。这就如同我校的办学理念——"欣赏教育"一样，用欣赏的眼光去看待每一个孩子，发掘他们身上的优点和进步，给孩子们信心和鼓励，让他们体会到赞美并学会用欣赏的眼光去看待别人，看待这个世界，内心从小种下宽容的种子，长大后做一个大气、善良并且热爱生活的人。遇事将态度摆正，多去发现和欣赏美好的一面，这样生活也会充满阳光。

例如：在教育教学中天真的孩子们年龄还很小，有时难免会犯一些好气又好笑的错误，但孩子们纯真的心本并无恶意，我看过这样一个事例：陶行知先生在育才学校当校长时，他看到学生王友用泥块砸自己班的男生，陶行知先生当即喝止了他并叫他放学后到校长室去。王友早早地来到校长室门口准备挨训，陶行知走过来，一面掏出一块糖果送给他，并说："这是奖给你的，因为你按时到这里而我却迟到了。"王友很惊讶，随后陶行知又掏出一块糖果放到他手里说："这也是奖给你的，因为我不再让你打人时，你立刻就住手了，这说明你很尊重我，我应该奖励你。"王友更惊讶了，不知道校长想干什么，陶行知又掏出第三块糖给他说："我调查过了，你用泥巴砸那些男生，是因为他们不守游戏规则、欺负女生，你砸他们证明你很正直、善良、勇敢，应该奖励你。"王友感动极了，流着泪喊道："校长我不该打人！"陶行知笑了，随即掏出第四块糖给他，"你及时的承认了自己的错误，我再奖励你一块……"陶行知先生敏锐地抓住了这一件事中学生身上每一处闪光点，以宽阔的胸怀包容学生，以奖代罚，是学生内心产生深深的感激和强烈的震撼。

用宽容的心对待孩子与老师，不纠缠于他们以往所犯下的错误，不过分地苛求他们做个完美宝宝、完美老师，才能发现他们的优点，才能看到他们的进步，才能保护他们脆弱而又宝贵的自尊心。

4. 欣赏教育应有其执行原则、活动过程与制度保障

事事夸奖、过度赞扬在欣赏教育中的表现体现于，误以为无限度地进行夸奖能够提高被夸奖者的自信心，但事实上，这种过度欣赏教育的失败之处在于：它极少能够使孩子或教师学会尊重、敬畏、钦佩，盲目的欣赏教育无法培养出一名明智的成功者。而这种教育的最大缺点在于，它会使受欣赏者沉迷于自恋之中，在一个想象的自我中不断地陶醉，因为他已经丧失了一个客观的标准，他无法确定自己有权得到什么。所有的挫折都有可能被他认为是一种不公平的对待，他“应该”得到的远远不止于此。在一个无限的肯定与现实的实际自我之间自然会产生差距——这种差距会让个体幻化出一个特殊的自我，他需要获得不断的赞美与崇拜，他理所当然地期望更多的特权或特殊的利益。长期生活在这种错误的环境中，个体便会形成自我认识差距：他拥有多少与众不同或独特性，与有多少真实的现实基础不相符合。

我校曾经举办过名为《好习惯 早养成》的活动，在这次的比赛中，参与该活动的年级主任们便制定出了明确的表扬标准：

(1) 利用楼道内已印刷好的“小脚丫”图案，使孩子们养成排队上楼、右行礼让的好习惯（站队快、静、齐，铃声响后及时进入教室，准备上课）。

(2) 学具的准备与摆放（学习用具材料准备齐全，摆放位置合理整齐，课上使用工具材料轻拿轻放）。

(3) 课上参与表现（参与学习积极主动，能较好地与同学、老师交流合作并按每节课的具体要求完成学习内容，整个学习过程安静有序）。

(4) 作业完成（作业按要求及时完成并上交）。

明确要求的目的是为了让学生清楚地知道自己在这个学科的课上应该怎样做，怎样做才是正确的。有了这些明确的要求，孩子们便有了自己的行动标准，而这些标准也恰恰是孩子们在活动中获得表扬、赢得赞赏的关键要素。

与此同时，老师们也制定出了相关的规定：

做法一：针对不同班级的情况及每班中的个别学生，抓住机会进行鼓励。

做法二：结合学科教学，在进行课堂评价时加入学习态度的评价。

对于教师的欣赏，我们也拥有明确的规则在其中，我校明文规定，优秀教师应包括以下特点，当某一些教师可以做到或者不断地朝着这一方向努力时，他们便是值得肯定的：

(1) 教师必须要关注学生的学习，并带领孩子们学习；

教师必须要相信所有的孩子都具有学习能力：

·我们需要相信孩子的个体差异，同时能够考量差异，进行教学调整；

·我们必须要了解孩子们的发展原理，并运用个人理解与教学经验，决定出恰当的教学方式；

·我们必须要平等地对待每一个孩子，而不是以他们的智力高低、身体强弱进行评价；

·我们的使命还包括发掘与培养孩子各方面的潜能，并进一步决定教学的内容与方法。

(2) 教师必须熟悉自己的专业与相应的教学方法

优秀的教师应通过自己的专业，令孩子们看到更宽广的世界：

·我们需要了解自己所教授科目的发展与具体组织方法，以及它与其他科目的关联；

·我们需要具备相应的知识，并不断地提升自己的专业能力；

·我们需要为孩子们提供多种的学习管道，而不是单纯地进行课堂教学。

(3) 教师需要对学生的学习进行监督与管理

优秀的教师必须要学会使用丰富的组织方式，维持与增加学生们的学习兴趣：

·我们要懂得在不同的条件、不同的环境下利用多种教学技巧、多种方法来达成目标；

·我们应运用自己能够找到的各种资源，来弥补自己的不足、丰富自己所教授科目；

·我们应了解各种教学方式的优缺点，以及它们对不同学生的适合程度；

·我们应重视学习参与，组织学生进行小组学习，并定期对学生的进展进行检查，同时以多种多样的方式进行学习成果的评价。

(4) 教师应对自己的教学进行系统的思考

教师应有终身学习的意识，同时更应不断地学习技能与方法，同时对知识进行加深，做出更有智慧的判断：

·我们应锻炼自己在困难中做出选择，从而锻炼自己的判断能力；

·我们应向其他的优秀教师进行学习，以提升自己的教学、教育能力；

·我们应对那些特殊的教学现象进行深思，同时使自己拥有分析思考的能力。

(5) 教师应与专业人士、家长与社会力量进行结合

教师需要将教学跨出教室，并进一步地延伸到更广的学习社区之中。因此，对于教师来说，你应做到以下两点：

·与其他专业人士进行合作，使自己的教学与学校的教学得到提升；

·与家长进行合作，形成密切的家校合作。

而这些标准、行为的目的，就是为了从小处开始、从最基本的要求开始，让孩子们与教师养成良好的习惯。有人说：成功的教育从习惯培养开始，习惯是人生的基础，而基础就能决定人的发展水平。从心理学来看，习惯是一种需要，一旦形成某种习惯，就会变成人的一种需要。因而它具有相对的稳定性，具有自动化的作用，也就是我们平常说的“习惯成自然”，是一种省时、省力的自然动作。那么我们的学生、教师一旦养成好的习惯，将是他一生中用不完的财富。

在自我得不到认可中成长，这是一个极为痛苦的过程，而从这一过程中，个人与现实世界的互动与理解就会开始扭曲——而这种扭曲显然与欣赏教育的本质相去甚远。为孩子与老师树立起明确的表扬标准，不仅仅是为了让他们养成良好的习惯，更是为了方便在管理与教学过程中，准确地对孩子与老师的行为进行正确的、恰当的表扬。而这种明确的、恰当的表扬，将在孩子与老师的成长过程中，起到比模糊表扬与过度赞扬更积极的推动作用。

其实，欣赏教育中的“欣赏”永远只是一个手段，而欣赏与其他多种教育方式相结合，方能使教育产生积极的作用。记得美国作家巴德·舒尔伯格曾经写过一篇题目叫《“真精彩”与“真糟糕”》的文章，文中写的是，一个8岁的孩子波比写了第一首诗，他的妈妈在念完那首诗之后，眼睛发亮地赞扬道：“波比，这是你写的吗？这首诗真是太美了，真精彩！”波比的父亲是一家电影公司的重要人物，而他给儿子人生第一首诗的评价却是“真糟糕”，而波比就在这两个极端的断言中，不断地使自己得到了平衡，最终成为了著名的作家。

因此，我想，我们不应奢望在学生与老师的心田上播撒几粒种子、滴上几滴水，便可以收获丰硕的自我教育果实，我们应在长期的、点滴的坚持之中，不断地使学生与老师形成自我教育的习惯，使欣赏教育的道路越走越宽。

对于欣赏教育与欣赏教育所采用的手段、所产生的后果，我们也应同样对待：生活中的每一件事情，仅仅有“真精彩”的喝彩声是不够的，也是不全面的，它很可能会将人引入歧途之中，所以，我们需要其他的、类似于“真糟糕”的警告力量去进行平衡，需要有人时常提醒我们：小心些、注意些，要总结，要

提高。

美国教育学家波斯纳提出过“教师的成长=经验+反思”这样一个公式。善于反思，能够让我们以辩证的态度去对待每一位老师、每一个孩子、每一件事情。身为一校之长，我一直告诉自己，我需要经常对自己的工作进行反思，以针对不同时期的学校教育特点及时有效地变更自己的方法，从而达到更加人性化的欣赏教育管理。我也期望，在这样的反思之下，我校的欣赏教育方式可以获得不断地创新与提高，使我们的老师成长为充满智慧的老师、使我们的孩子拥有更美好的未来。

所以我想，当我们能够真正地站在一定的高度与正确的角度来理性与全面地对待欣赏教育时，欣赏便会真正地成为教育的一剂良方。而我也坚信，只要我们坚持原则、抱以爱心，欣赏教育终将会绽放其独特的光彩。